Eduard von Hartmann

Das Judentum in Gegenwart und Zukunft

Eduard von Hartmann

Das Judentum in Gegenwart und Zukunft

ISBN/EAN: 9783743357945

Hergestellt in Europa, USA, Kanada, Australien, Japan

Cover: Foto ©Lupo / pixelio.de

Manufactured and distributed by brebook publishing software (www.brebook.com)

Eduard von Hartmann

Das Judentum in Gegenwart und Zukunft

Eduard von Hartmann.

Das Judenthum

in

Gegenwart und Zukunft.

Leipzig Berlin

Verlag von Wilhelm Friedrich
Königliche Hofbuchhandlung

1885.

INHALT.

1. Einleitung.

Ein Philosoph, der sich zu einer Partei schlägt, hört in demselben Augenblicke auf, es zu sein; ein Philosoph, der das relative Recht und Unrecht der Parteien objektiv abzuwägen sucht, wird bei allen Parteien Anstoss geben, weil die Empfindlichkeit einer jeden für theilweise Missbilligung grösser ist als ihre Erkenntlichkeit für theilweise Zustimmung. Wem also daran gelegen ist, keinen Undank zu ernten, der wird am sichersten gehen, seine Philosophie durch Schweigen über die brennenden Tagesfragen zu bewähren; wer es aber für die Pflicht des Philosophen hält, Worte, die möglicher Weise der Verständigung und Versöhnung förderlich sein könnten, nicht ungesagt zu lassen, der wird sich von der Erfüllung seiner Pflicht weder durch unliebsame Rückwirkungen auf seine persönliche Stellung noch durch die geringe Wahrscheinlichkeit abhalten lassen, dass seine Stimme im lärmenden Streit der extremen Gegensätze auch nur gehört werde. Ist es doch im Allgemeinen das Unglück unsrer parteizerrissenen Zeit, dass nur die Extreme willig Gehör finden, und dadurch sich an einander immer mehr verschärfen, dass aber die weniger leidenschaftlichen und piquanten Mahnungen zum Frieden kaum noch eine Stätte haben, von der aus sie sich dem Publicum vernehmbar machen können! Müsste nicht der Streit der Extreme immer heftiger entbrennen, wenn die Vertreter vermittelnder Friedensansichten selbst auf den Versuch verzichten wollten, die Stimme der Mässigung und allseitigen Gerechtigkeit zur Geltung zu bringen?

Auf der einen Seite leugnet man die Existenz einer Judenfrage, d. h. man bestreitet die Existenz von Racenantipathien, schiebt die religiöse Verschiedenheit als irrelevant bei Seite und erklärt jede antisemitische Regung und Bewegung im Volke für das Resultat einer künstlichen social-politischen Interessenagitation, jede Abneigung gegen das Judenthum für eine Folge des Neides und der Missgunst. Auf der andern Seite betrachtet man die Juden als die böswilligen Urheber aller socialen Schäden der Gegenwart, sieht den Kampf gegen das Ueberwuchern einer stammesfremden und religionsfremden geschlossenen Aristocratie des mobilen Besitzes als eine heilige, nationale Pflicht an, glaubt, dass die Gefahr der Knechtung unter die jüdische Fremdherrschaft eine solche Höhe erreicht habe, um die äussersten

Anstrengungen zu ihrer Abwendung zu erheischen und scheut im Fanatismus für diesen heiligen Zweck auch die bedenklichsten Mittel, z. B. die persönliche Gehässigkeit der Kampfesweise und den Appell an die schlechtesten Leidenschaften und abergläubischen Vorurtheile der Masse nicht, um in ihr denselben fanatischen Hass gegen die jüdischen Mitbürger zu erregen.

Die Ableugnung der Existenz einer Judenfrage, welche in der von jüdischen Einflüssen beherrschten Presse systematisch getrieben wurde, war eine sehr ungeschickte Taktik, denn ihr Widerspruch gegen die Thatsachen trug dazu bei, die antisemitische Reaktion hervorzurufen, sowohl direkt als auch indirekt, indem sie das Judenthum über die dasselbe vom deutschen Volke noch trennenden Schranken, über die ihm noch anhaftenden Mängel und über die von ihm noch zulösenden Erziehungsaufgaben verblendete, und den durch seine wirthschaftlichen Erfolge aufgefrischten Hang zur Ueberhebung nährte und steigerte. Die antisemitische Bewegung wiederum, welche als Rückschlag gegen die Verschleierung der Sachlage und gegen die taktlose Ueberhebung des Judenthums eine gewisse historische Berechtigung hatte, discreditirte sich selbst nicht nur durch ihre Uebertreibungen, sondern noch mehr durch die aufreizende Gehässigkeit ihrer Hetzereien und lieferte erst der philosomitischen Presse die scheinbare Begründung zu ihrer Behauptung, dass die ganze Antipathie gegen das Judenthum lediglich aus den schlechten

1*

Leidenschaften der Volksseele entspringe und bloss durch
eine künstliche Agitation beeinträchtiger Sonderinteressen
genährt werde.

Die antisemitische Bewegung hat ihren nächsten
Zweck erreicht, d. h. der jüdischen Ueberhebung einen
momentanen Dämpfer aufgesetzt, das Volk gegen die
drohende Gefahr gewarnt, unter die Herrschaft einer
jüdischen Aristokratie zu gerathen, und dasselbe aus dem
Schlummer wachgerüttelt, in welches die Ableugnung
einer Judenfrage durch die philosomitische Presse es eingelullt hatte; aber es hat diesen Zweck nur erreicht, um
den theuren Preis einer Verschärfung und Verbitterung
der Gegensätze und eines Abbruchs der schon halb ge-
schlagenen Brücken. Die deutsche Judenschaft war auf
dem besten Wege, sich in dem Masse zu entjuden und
zu verdeutschen, als sie in die Kreise der aristokratischen,
d. h. gesellschaftlich bevorzugten Stände einrückte, und
diese naturgemäss auf den Spitzen beginnende Verschmelzung der jüdischen und deutschen Bestandtheile
des deutschen Volkes würde mit geschichtlicher Nothwendigkeit auch die niederen Schichten des Judenthums
allmählich nach sich gezogen haben. Dieser Process
des Aufgehens der deutschen Juden im Deutschthum
hat der Antisemitismus nicht nur zum vorläufigen Still-
stand gebracht, sondern ein gut Stück zurückgeschraubt,
indem er die innerlich schon vom Judenthum abgelösten
jüdischen Elemente in die moralische Zwangslage ver-
setzte, eine in dieser Art angefeindete Sache nicht im

Stich zu lassen, vielmehr vertheidigen zu helfen. Wenn die Lösung der Judenfrage daran hängt, dass den Juden die Solidarität ihres Stammes überflüssig gemacht und durch die Solidarität mit dem deutschen Volke ersetzt wird, so konnte nichts geeigneter sein, diese Umwandlung in rückläufige Bahnen zu lenken, als eine durch unbillige und gehässige Anfeindungen aufgezwungene Stärkung der Stammessolidarität.

Das Judenthum aber sollte nicht vergessen, dass die Fehler des Antisemitismus hervorgerufen waren durch seine vorhergegangenen Fehler, und sollte bei seiner Vertheidigung gegen die übertriebenen und zum Theil ungerechten Vorwürfe des Antisemitismus nicht versäumen, die bessernde Hand an jene Fehler anzulegen, ohne welche der Antisemitismus trotz aller Interessenagitation eine historische Unmöglichkeit gewesen wäre. Das Judenthum sollte erkennen, dass es seine wahrsten und nützlichsten Freunde nicht in jenen zu suchen hat, welche bloss die Existenz der Judenfrage ableugnen und es durch Beschönigung aller Mängel in seiner Verblendung und Ueberhebung bestärken, sondern in jenen, welche die bestehenden Differenzen klar legen und damit die Wege zu ihrer allmählichen Ausgleichung und Beilegung eröffnen. An solchen Kundgebungen aber scheint es mir bis jetzt noch ganz zu fehlen und insbesondere gefällt sich die philosomitische Polemik bis jetzt darin, ihre Vertheidigung in der Verdunkelung der eigentlichen Streitpunkte, anstatt in deren Klarlegung zu suchen.

Wenn man ein verwickeltes Problem klar durch-
schauen will, so muss man vor allen Dingen die verschiedenen Seiten, welche dasselbe für verschiedene
Gesichtspunkte darbietet, einzeln untersuchen, da jede
derselben ein besonderes, wenn auch nicht getrenntes,
sondern mit dem übrigen im Zusammenhang stehendes
Problem bildet. Je mehr solcher Fäden in einem Gewebe
verschlungen sind, desto verwirrter ist der Streit um
das ganze Problem, so lange dasselbe als Ganzes behandelt wird; dies ist auch mit der Judenfrage der Fall,
in welcher ethnologische, religiöse, nationale, gesellschaftliche, wirthschaftliche und politische Probleme
durcheinanderlaufen.

2. Race.

Wir wissen nicht genau, aus welchen Grundbestand-
theilen sich der heutige jüdische Stamm zusammengesetzt
hat, und noch weniger in welchen Verhältnissen die
Mischung erfolgt ist; wir wissen nur, dass das Judenthum
seine Sprache und eigenartige Cultur einem semitischen
Stamme verdankt. Diese Thatsache und die Verwandtschaft des jetzigen jüdischen Typus mit dem semitischen
Grundtypus genügen übrigens, um die Unterordnung
des jüdischen Stammes unter die semitische Race zu
rechtfertigen (ebenso wie die des deutschen unter die
germanische), denn sie beweisen, dass der tonangebende
und herrschende Bestandtheil des Stammes semitisch

war und dem ganzen Stamme seinen geistigen und
leiblichen Stempel aufgeprägt hat. Alle heutigen
Nationaltypen sind historische Erzeugnisse complicirter
Mischungen, aber darum nicht minder ethnologisch prä-
cisirte Typen, und den Juden fehlt nur der jüdische
Staat mit jüdischem Landgebiet, um in demselben Sinne
eine Nationalität zu repräsentiren wie die Italiener oder
Franzosen. Nur darum, weil die Juden vielen verschiedenen Nationalstaaten politisch eingegliedert sind, kann
man nicht von einer jüdischen Nation, sondern bloss
von einem jüdischen Stamme sprechen, obwohl aus rein
ethnologischem Gesichtspunkte der jüdische Stammestypus
nicht den Stammestypen innerhalb der modernen Cultur-
nationen (z. B. nicht dem schwäbischen, andalusischen,
provençalischen Stammestypus), sondern den Nationaltypen der civilisirten Menschheit nebengeordnet ist.

Die ethnologische Differenz ableugnen ist ebenso
unhaltbar als sie übertreiben; sie ist thatsächlich grösser
als zwischen Mitgliedern verschiedener europäischer
Nationalitäten, eine Thatsache, die nur zwischen Individuen desselben Nationalstaats durch Gleichheit der
Sprache und theilweise auch der Anschauungen und
Sitten häufig verschleiert wird. Die ethnologische Differenz zwischen Juden und Germanen ist grösser als die
zwischen Juden und Romanen, die zwischen Juden und
Ostslaven grösser als die zwischen Juden und Westslaven. Andererseits ist die ethnologische Differenz
zwischen Juden und romanischen, germanischen oder

slavischen Europäern beträchtlich kleiner als diejenige
zwischen Mongolen und Indogermanen und mit derjenigen gar nicht in Vergleich zu stellen, welche die
afrikanischen, amerikanischen und australischen Natur-
völker von den Europäern trennt. Innerhalb des jüdischen
Stammes gilt der sogenannte portugiesische oder west-
liche Zweig für den Europäern verwandter als der östliche, was vielleicht auf einen stärkeren Zusatz von
indogermanischen Bestandtheilen in seinem genetischen
Mischungsverhältniss hinweist; doch ist es auch möglich,
dass der portugiesische Zweig nur den Romanen verwandter erscheint, der östliche Zweig aber den Westslaven näher steht.

Die Differenz ist jedenfalls nicht so gross, um bei
der Kreuzung die Fruchtbarkeit zu beeinträchtigen, sie
ist nicht einmal so gross, um in den Mischlingen vor-
wiegend die üblen Eigenschaften beider Eltern hervortreten zu lassen; sondern die Verwandtschaft ist bereits
so nahe, dass in Mischlingen überwiegend die günstigen
Eigenschaften der Eltern hervortreten. Hiernach könnte
von der Kreuzung ein relativ günstiges Resultat erwartet werden; aber die Differenz ist doch schon wieder
so erheblich, dass in der instinktiven Gattenwahl in der
Regel Individuen der eigenen Race der Vorzug gegeben
wird, und Kreuzung nur als Ausnahme, und dann meist
aus anderweitigen Rücksichten, eintritt.

Dieser Punkt ist für die ethnologische Seite der
Judenfrage von entscheidender Bedeutung, und darum

näher in's Auge zu fassen. Dass zwischen den niederen Volksschichten beider Theile eine Antipathie herrscht, wird sich schwer bestreiten lassen; aber noch schwerer wird sich erweisen lassen, dass dieselbe wesentlich aus einer instinktiven Naturbasis entspringt. Dass diese Antipathie in den gebildeteren Schichten geringer wird, bis zum Verschwinden, liesse sich auch daraus erklären, dass hier die instinktiven Neigungen durch geistige Rücksichten und ideale Grundsätze beherrscht, unterdrückt und abgeschwächt werden, wogegen in den niederen Volksschichten wiederum schwer zu trennen ist, was einem Naturinstinkt und was den socialen, religiösen, wirthschaftlichen und politischen Antipathien zuzuschreiben ist. Darum gewährt nur die Gattenwahl einen sicheren Anhalt, insofern man im Stande ist, die socialen Nebenrücksichten und Reflexionsmotive von der instinktiven, geschlechtlichen Zuneigung und Abneigung zu trennen.

Nun ist es ja sehr schwierig, alle Fälle auszuschliessen, in welchen ein jüdisches Mädchen einem deutschen Manne aus socialem Ehrgeiz die Hand reicht, oder ein deutscher Mann die Jüdin um ihrer Mitgift willen zur Gattin wählt; blickt man aber auf die ziemlich strenge Inzucht des Judenthums in Nordamerika, wo doch viele der europäischen Vorurtheile und Schranken in Wegfall gekommen sind, so scheint die Annahme begründet, dass der Regel nach, ein Individuum der eignen Race bei der Gattenwahl instinktiv den

Vorzug erhält, und die Anziehungskraft eines Indivi-
duums der fremden Race nur ausnahmsweise über die
Abstossungskraft des fremden Typus triumphirt. Die
Neigungen des männlichen Geschlechts sind dabei nicht
so ausschlaggebend, als die des weiblichen, weil der
polygamische Naturinstinkt des Mannes der augenblicklichen Verliebtheit viel leichter Folge giebt, als der
monogamische Naturinstinkt des Weibes; betrachten wir
aber die weiblichen Instinkte, so scheint es zweifellos,
dass bei der Hingebung des deutschen Mädchens an
einen jüdischen Mann eine generelle Antipathie zu überwinden ist, womit nicht ausgeschlossen ist, dass dieselbe
ausnahmsweise durch eine persönliche Liebesleidenschaft
überwunden werde.

Es wäre durchaus voreilig, hieraus auf eine Inferiorität des jüdischen Stammes schliessen zu wollen; ein
solcher Schluss schiene erst dann gerechtfertigt, wenn
die jüdischen Mädchen keine entsprechende generelle
Abneigung gegen die Verbindung mit deutschen Männern hätten, worüber ich mir kein Urtheil erlaube.
Aber selbst dann, wenn dies der Fall wäre, würde daraus doch immer nur folgen, dass der gegenwärtige
Typus des Judenthums durch den sexuellen Instinkt als
ein inferiorer gekennzeichnet werde. Nun unterliegt
es aber gar keinem Zweifel, dass der gegenwärtige
jüdische Typus ein durch geschichtliche Verhältnisse
körperlich und geistig verkümmerter und degenerirter
ist, der durch günstigere Verhältnisse im Laufe mehrerer

Generationen einer Restitution fähig ist. Das Elend, der Schmutz, die Verkommenheit der Juden vom Mittelalter bis in die Neuzeit musste ebensosehr auf Verkümmerung und Entartung hinwirken wie besondere Verhältnisse, z. B. dauerndes Ränzeltragen, Einschnürung des kindlichen Brustkorbes, um Militäruntauglichkeit zu erzielen (in Galizien), und dergl. Wo eine jüdische Familie sich durch drei und mehr Generationen in Wohlstand befunden und für körperliche und geistige Entwickelung der Kinder gesorgt hat, sieht man allemal den Typus sich veredeln und die Rückschläge in den verkümmerten Typus mit jeder Generation seltener werden. Es wäre denkbar, dass eine jetzt etwa bestehende sexuelle Kennzeichnung des jüdischen Typus als eines inferioren mit einer allgemeinen Veredelung desselben aufhörte, ohne dass damit die generelle Abneigung gegen Kreuzung aufhörte, insofern sie sich nur auf divergirende Fremdartigkeit des Typus bezöge. Immerhin würden auch dann die Ausnahmefälle häufiger werden, in welchen die generelle Antipathie durch individuelle Sympathie überwunden wird. Es wäre aber auch denkbar, dass mit dem Wiederverschwinden der Verkümmerung und Entartung und mit der Beseitigung jeder typischen Inferiorität auch ein Theil, vielleicht sogar ein wesentlicher Theil der gegenwärtigen Fremdartigkeit schwände und damit eine Verringerung der generellen Abneigung gegen die Kreuzung einträte. Auf eine solche Möglichkeit deutet die Thatsache hin, dass man in den seit

Generationen besser situirten jüdischen Familien eine
weit grössere Procentzahl solcher Individuen antrifft,
deren Aussehn über ihre Zugehörigkeit zum jüdischen
Stamme in Zweifel lässt.

Bestände keine andere Differenz als die ethnologische zwischen Juden und Deutschen, so könnte man behaupten, dass dieselbe nicht allzuschwer wiegen und
keinenfalls die besten und freundlichsten Beziehungen
beider Theile hindern würde. Ob Kreuzung in ausgiebi-
gem oder in spärlichem Masse stattfinden würde, ist
dabei ganz gleichgültig; die Verschwägerung kann wohl
freundschaftliche Beziehungen durch verwandtschaftliche
Bande noch enger knüpfen, aber die mangelnde Verschwägerung kann freundschaftliche Beziehungen nicht
hindern oder erschweren. Man kann mit Leuten auf
sehr intimem Fusse stehen, auch wenn die Gattenwahl
mit Vorliebe in ganz anderer Richtung stattfindet. Man
kann den Mitmenschen achten und schätzen, auch wenn
seinem Typus kleine äusserliche Züge anhaften, welche
anders Gearteten Stoff zum Lachen und Verspotten
geben, wie es mit manchen jüdischen Eigenthümlichkeiten im Volkswitz und auf der Bühne üblich ist. Ein
tieferer Gerechtigkeitssinn verbietet entschieden, das
Urtheil über den persönlichen Werth eines Menschen
von kleinlichen Aeusserlichkeiten statt von seinem Charakter und seiner inneren Tüchtigkeit und Liebens-
würdigkeit abhängig zu machen, und eine feinere Den-
kungsart empfindet es als einen Verstoss gegen das

Zartgefühl, wenn das Benehmen gegen eine Person von dergleichen unwesentlichen Gebrechen, seien sie nun individueller oder genereller Natur, mitbestimmt wird. Die Volksmasse empfindet ja nicht so fein, aber ihr Spott über jüdische Aeusserlichkeiten würde, wenn keine andre, als die ethnologische Differenz bestände, ebenso wie diejenige über die sächsische Mundart, einen sehr harmlosen und gutmüthigen Charakter haben, der sicherlich den Bestand der besten Beziehungen nicht hindern würde. Ausserdem darf man nicht vergessen, dass manche der auffallendsten Eigenthümlichkeiten des jüdischen Typus (z. B. diejenigen der Aussprache) sehr wohl einer Abschleifung durch Erziehung und Gewöhnung, wenn auch nur im Laufe von Generationen fähig sind, und dass auf diese Weise, wie wir es schon heute in gebildeten jüdischen Kreisen sehen, die anstössigen Aeusserlichkeiten bis zu einem Grade beseitigt werden können, in welchem sie von selbst aufhören, den Spott herauszufordern. Der Einfluss der Uebung reicht freilich nicht weiter, als der Einfluss der organischen Funktion eine rückwirkenden Macht über den Bau der Organe hat; aber gerade die neuern naturwissenschaftlichen Forschungen lehren uns, dass diese rückwirkende Macht weit tiefer greift, als man früher für möglich hielt.

Es ist nach dem Vorstehenden entschieden falsch, die bestehende Antipathie wesentlich aus der ethnologischen Differenz ableiten zu wollen und auf diese das Hauptgewicht in der Judenfrage zu legen; es ist

aber ebenso kurzsichtig zu verkennen, dass bei den ge-
gebenen sonstigen Gründen zur Abneigung die ethnologische Differenz als verschärfender Factor hinzutritt,
der es insbesondere auch den getauften Juden und deren
Nachkommen erschwert, sich der Antipathie gegen das
Judenthum im Allgemeinen zu entziehen. Das Volk
übt gegen Mitglieder eines fremden Stammes gern
Gastfreundschaft trotz oder gar wegen ihrer Fremdartigkeit, aber es reagirt desto feindseliger gegen diese
Fremdartigkeit, je unbequemer und lästiger ihm die
Gäste in andrer Hinsicht werden. Alle übrigen Diffe-
renzen, hat das Judenthum schrankenlos in seiner Ge-
walt, nur diese eine bloss innerhalb gewisser von der
Natur gezogenen Schranken; darum ist es so wichtig,
zu konstatiren, dass beim Verschwinden aller übrigen
Abneigungsgründe, diese übrig bleibende ethnologische
Differenz nichts Störendes mehr enthalten würde, am
wenigsten dann, wenn die Wiederveredelung des jetzt
entstellten jüdischen Typus vollendet sein würde. Das
Judenthum hat sich vor allen Dingen davor zu hüten,
Züge der Entartung und Verkümmerung als nationale
Heiligthümer zu hätscheln und behaupten zu wollen,
anstatt durch körperliche und geistige Erziehung und
aufmerksame Selbstzucht an die Wiederveredelung seines
Typus und an die Abschleifung seiner störenden Züge
energisch Hand anzulegen. Anstatt dem Spott der
anders gearteten Völker stumpfe Gleichgültigkeit, oder
krankhafte Empfindlichkeit und Reizbarkeit, oder gar

verhaltenen Ingrimm und eigensinnigen Trotz entgegenzustellen, wie es so lange Zeit gethan hat, sollte es
vielmehr in diesen unzarten Reaktionen eines naiven
und rohen Volksgeschmacks ästhetisch beachtenswerthe
Fingerzeige sehen, in welchen Richtungen diese Ver-
edelungsarbeit sich zu bethätigen hat.

Mögen auch die Kreuzungen Ausnahmen sein und
bleiben, so ist doch nicht zu übersehen, dass jede solche
Ausnahme dauernde Wirkungen hat und dass die Wirkungen dieser Ausnahmen in den verschiedenen Generationen sich summiren. Schon jetzt ist die jüdisch-
deutsche Mischbevölkerung in den besseren Ständen
nicht zu unterschätzen,' wenn sie auch meistens überschätzt wird; in Zukunft aber werden sich immerhin die
Ausnahmefälle der Kreuzung mehren, selbst dann, wenn
sie, was ich glaube, Ausnahmen bleiben sollten. Je edler
der jüdische Durchschnittstypus wird, je mehr das Judenthum die Exclusivität seines Stammesbewusstseins und
seiner Religion ablegt, je mehr Glieder in die besser
situirten Stände aufsteigen, je mehr die socialen Antipathien gegen dasselbe sich im Volke abschwächen,
desto häufiger können und werden Mischehen zu Stande
kommen, und desto ausgedehnter wird jene halbblütige
Schicht im Volke werden, welche recht eigentlich berufen ist, die Kluft zwischen beiden Seiten zu überbrücken. Wenn es wahr ist, dass bei der Kreuzung
von Juden und modernen Europäern anzugsweise die
guten Eigenschaften der elterlichen Racen auf die Nach-

kommen übertragen werden, so hat das deutsche Volk
eine solche Perspektive nicht zu scheuen; besorgnisser-
regend kann dieselbe selbst für denjenigen nicht sein,
welcher obige Voraussetzung für unrichtig hält, weil
der Procentsatz der Juden in Deutschland denn doch zu
klein ist ($1^1/_3^0/_0$), um selbst von einer vollständig durch-
geführten Kreuzung eine erhebliche Alteration des
deutschen Volkscharakters zu befürchten.

Immerhin ist es der Mühe werth, zu erwägen,
welcher Art der Einfluss sein kann, der theils durch
Kreuzung, theils durch engen Verkehr (Beispiel und
Ansteckung) zwischen Juden und Deutschen auf beide
Theile stattfinden kann. Hierbei muss man unterscheiden zwischen den von altersher bestehenden geistigen
Eigenthümlichkeiten des jüdischen Typus und den durch
die geschichtlichen Verhältnisse erworbenen. Der Einfluss, den die Juden erleiden müssen, wird nämlich in
erster Reihe in einer Rückbildung und Verkümmerung
der durch die Verhältnisse der Rechtlosigkeit erworbenen
Eigenschaften und in einer Restitution des ursprünglichen Typus bestehen, und erst in zweiter Reihe, viel
langsamer und in viel geringerem Grade, wird auch der
ursprüngliche Stammestypus gewisse neue Modificationen
erwerben, welche ihn den neuen Verhältnissen anpassen
und den Wirthsvölkern verähnlichen. Der Einfluss, den
die Deutschen erleiden müssen, wird sich hingegen zu-
sammensetzen müssen aus demjenigen der erworbenen
und ursprünglichen Eigenthümlichkeiten der Juden, so

zwar, dass der Einfluss der erworbenen Eigenschaften zu Anfang in den Vordergrund tritt, aber von Generation zu Generation mit dem Schwinden dieser Eigenschaften selbst abnimmt, während der Einfluss der ursprünglichen Eigenschaften zuerst weniger merklich ist, durch die Zähigkeit des jüdischen Typus aber im Laufe der Generationen sich zu einer immer wachsenden Gesammtsumme anhäuft.

Wie wir später sehen werden, sind die erworbenen Eigenschaften des heutigen jüdischen Typus, eben weil sie auf der Anpassung an gedrückte Verhältnisse beruhen, überwiegend schlechter Art und ihr Einfluss auf die Wirthsvölker als der eines üblen Beispiels zu bezeichnen, das zwar theilweise abschreckend, aber in überwiegendem Maasse ansteckend wirkt. Dagegen sind die ursprünglichen Eigenschaften des jüdischen Typus überwiegend guter Art und theils zur Verstärkung der verwandten Züge des deutschen Volkscharakters, theils zur Ergänzung seiner Mängel und zur Verringerung seiner Fehler geeignet. Die ungünstigen Einwirkungen der erworbenen Eigenschaften sind als mit zur Uebergangskrisis der Emancipation gehörig und demnach als vorübergehend zu betrachten, die günstigen Einwirkungen der ursprünglichen Eigenschaften hingegen als ein dauernder Gewinn für die Wirthsvölker, der je länger je mehr zur Geltung kommen muss.

Der deutsche Volkscharakter ist mit zwei Grundfehlern behaftet: mit einem abstrakten Idealismus, der

ihn unpraktisch macht, und als Gegenstück dazu mit
einer sinnlichen Genusssucht, die ihn durch Unmässigkeit unfähig macht, seinen Idealen treu zu bleiben. Weil
er seine Ziele zu hoch steckt, zu wenig an ihre Erreich-
barkeit denkt und noch weniger gewillt ist, sich für
kleine Schritte der Annäherung auf dem praktischen
Wege zu plagen oder gar seinen Eigenwillen zu beugen,
so erreicht er wenig in der Welt der praktischen Interessen und verpufft nutzlos ein Mass von Kräften, mit
dem praktischere Völker das Höchste erreicht hätten;
weil er in sinnlichen Genüssen nicht Mass halten kann,
schädigt er die Klarheit des Kopfes, die Sicherheit der
Hand und die Ausdauer der Arbeitsfähigkeit und ist
beständig in einem partiellen Degenerationsprocess begriffen, der einen bedeutenden Bruchtheil der sonst für
den Kampf um's Dasein verfügbaren nationalen Kraft-
summe verschlingt.

Obwohl das streitbarste und colonisationsfähigste
aller Völker, ist das deutsche Volk doch nur gleichsam
durch eine Reihe von Wundern im Besitz einer politischen Selbstständigkeit geblieben und nur wider Willen
und murrend unter dem Zwang genialer Führer zu
einem staatlichen Zusammenschluss gelangt, aber bei
der Vertheilung der Erde zu Colonien leer ausgegangen;
obwohl es das bildungsfähigste aller Völker ist, so ist
doch die allgemeine Bildung seiner höheren Stände in
einem erschreckenden Rückgang begriffen, weil der
Bierconsum der studirenden Jugend weder Zeit noch

Nüchternheit mehr lässt, um mehr zu lernen, als die
gesteigerten Ansprüche der Berufsbildung erfordern.

Es giebt Culturvölker, welche wegen der Einflüsse
eines südlicheren Klimas mehr Volkskraft als das
deutsche durch Excesse in Venere einbüssen; es giebt
auch solche, die wegen der Einflüsse rauhen Seeklimas
noch mehr Verluste durch die Trunksucht erleiden; aber
die Einbussen der deutschen Volkskraft durch Excesse
in Bacho et Venere zusammen werden von keinem auf
annähernd gleicher Culturstufe stehenden Volke erreicht
und nur von solchen übertroffen, welche, wie unsere
slavischen Nachbarn im Osten, erst jetzt zur Cultur er-
wachen und doch schon mit den Lastern der Ueber-
cultur durchseucht sind. Noch immer sind die deutschen
Jünglinge in der wahrhaft barbarischen Anschauung
befangen, als ob Mässigkeit ein Zeichen unmännlicher
Schwäche, Unmässigkeit aber ein würdiger Gegenstand
der Renommage sei, und kein Grund zur Missachtung
der Juden ist roher und gemeiner als der, dass sie keine
Neigung zum Saufen haben. Es giebt Deutsche genug,
die wenig vertragen und trotzdem nicht im Stande sind,
Mässigkeit zu beobachten; es ist also ganz achtungs-
werth, wenn die Juden, welche wenig vertragen, daraus
einen Anlass mehr schöpfen, mässig zu sein. Einen
Organismus zu besitzen, der wenig Alkohol verträgt, ist
ebenso wenig eine Schande, wie es eine Ehre ist, einen
Körper zu besitzen, der viel verträgt; im Gegentheil
deutet ersteres darauf, dass man von einer Ahnenreihe

abstammt, welche den Werth der Nüchternheit zu schätzen wusste, letzteres auf das Gegentheil, so dass die Ehre der Abstammung eher auf der ersten Seite ist. Die Neigung des Deutschen, mit der Nase nach den Sternen gerichtet seinen Weg zu suchen und dabei unversehens in den Sumpf der Unthätigkeit und Gemeinheit zu fallen, ist ganz besonders der Volkswirthschaft nachtheilig, insofern sich dieselbe aus der Summe der Privatwirthschaften zusammensetzt; denn die abstrakte Idealität der Ziele schädigt den wirthschaftlichen Erwerb ebenso, wie die sinnliche Genusssucht die Rücklage von Reserven und damit die Solidität der Wirthschaft beeinträchtigt. Das deutsche Volk ist, zum Theil wohl in Folge der Zurückschraubung seiner Cultur durch den dreissigjährigen Krieg, wirthschaftlich unreifer als die Franzosen, Engländer und Nordamerikaner, und wird an wirthschaftlicher wie an politischer Unreife nur durch seine östlichen Nachbarn übertroffen. Alle schlechten Eigenschaften der jüdischen Geschäftspraxis sind nur dadurch gezüchtet worden, dass sie durch die wirthschaftliche Unreife der Wirthsvölker gewinnbringend wurden, und müssen nothwendig wieder verschwinden, sobald sie mit dem Schwinden dieser wirthschaftlichen Unreife aufhören, lucrativ zu sein. Die Verluste, welche die Wirthsvölker durch jüdischen Schacher, Wucher und Schwindel erlitten haben und noch erleiden, haben sie als die naturgemässe Folge ihrer wirthschaftlichen Unsolidität und als providentiellen

Stachel zur Beschleunigung ihrer Reife anzusehen. Bei diesem Uebergang von leichtsinniger zu besonnener Wirthschaft aber dienen ihnen die Juden nicht bloss durch ihre schlechten Eigenschaften als Sporn und Geissel, sondern auch durch ihre guten wirthschaftlichen Eigenschaften als nachahmenswerthes Vorbild.

Die Juden sind ein durchaus realistischer Stamm und vielleicht ist ihr Realismus grösser als der irgend eines andern Volkes der Gegenwart mit Ausnahme der Nordamerikaner. Unter praktischem Realismus verstehe ich das energische und ausdauernde Streben nach unmittelbar erreichbaren Zielen, wobei nicht ausgeschlossen ist, dass diese unmittelbar erreichbaren und darum niedrig und nahe gelegenen Ziele selbst wieder Mittel zu ferneren und höheren Zielen sind. Wir werden sehen, dass es dem Judenthum durchaus nicht an solchen idealen Zielen fehlt; aber diese bleiben, soweit sie bewusst sind, eine Zukunftsperspektive, welche nicht nur nicht hindert, sondern noch mehr dazu antreibt, seine ganze Kraft den relativ niedrigen Zielen der unmittelbaren Gegenwart zu widmen. Nüchternheit, Mässigkeit, Geduld, Zähigkeit, Elasticität im Unglück, Arbeitsamkeit, Emsigkeit, Betriebsamkeit, Wirthschaftlichkeit, Sparsamkeit, Häuslichkeit, Familiensinn, Kinderliebe, Schätzung und Hochhaltung der Frauen, Pietät vor den Eltern, Wissensdrang, Bildungsstreben und Lerneifer, alle diese Eigenschaften dienen zunächst dem praktischen Realismus des Judenthums, und gerade weil sie dies

thun, erreichen sie in ihrer Vereinigung so grosse Re-
sultate. Die Stärke des Judenthums liegt nicht in dem
Talent zur positiven Organisation, sondern darin, dass
selbst bei dem Mangel jeglicher Organisation der Einzelne
seine Sonderinteressen doch wie selbstverständlich den
Gesammtinteressen unterordnet und sich mit Hintan-
setzung seines Eigenwillens als dienendes Glied des
Ganzen fühlt.

Für praktische Wohlthätigkeit sind die Juden geradezu das klassische Volk, dem entschieden die Ueberlegenheit ebensowohl über die indische Passivität des
Mitleids wie über die unpraktische christliche Almosen-
wirthschaft zukommt. Inderthum und Christenthum
unterstützen das arbeitsscheue Drohnenvolk der Mönche
und Nonnen und züchten systematisch den bettelnden
Müssiggang; jüdische Wohlthätigkeit giebt nur dem
Arbeitsunfähigen Almosen, sonst aber bloss Beihilfe zur
Verwerthung der Arbeit. Die christliche Nächstenliebe
ist in der katholischen Praxis zu einer Karikatur ihres
jüdischen Urbilds entartet, und der Protestantismus ist
noch immer in der Unterstützung des Bettelns stecken
geblieben, so dass die jüdische Wohlthätigkeit uns noch
heute als Muster dienen kann. Die gesetzliche Zwangsversicherung ist nichts als ein Versuch, das deutsche
Volk durch staatliche Bevormundung zu dem zu zwingen,
was die Juden von jeher von selbst gethan haben: nicht
die ganzen Einnahmen zu verbrauchen; aber die Gesetzgebung kann doch immer nur Versicherungsprämien

für Nothlagen ausscheiden, und nicht zur Ansammlung von Reservefonds zur Verstärkung der wirthschaftlichen Kraft zwingen, worin das ganze Geheimniss der wirthschaftlichen Ueberlegenheit der Juden über Deutsche und Slaven besteht. Beim Juden reicht das abstrakte Motiv der Stärkung seiner wirthschaftlichen Lage aus, um sich den Verbrauch eines Theiles seiner Einnahmen zu versagen; beim Deutschen und Slaven wirkt dieses abstrakte Motiv wegen grösseren Leichtsinns schwächer, und gleichzeitig ist die sinnliche Genusssucht grösser, so dass es seltener und in geringerem Masse zur Ansammlung von Reserven kommt. Die gerechte Folge dieser Verschiedenheit ist dann die, dass der Deutsche und Slave, wenn er in die Lage kommt, auf nicht vorhandene Reserven zurückgreifen zu müssen, sich an den Juden, der vorsichtig und enthaltsam genug war, sie zurückzulegen, wenden und diesem die Prämie seiner Enthaltsamkeit und Voraussicht entrichten muss.

Wohl bei keinem Stamm der Welt steht von altersher Bildung und Gelehrsamkeit in solchem Ansehn, wie bei dem jüdischen; insbesondere sind hier alle Schichten von den gebildetsten bis zu den ungebildetsten von dieser Ehrfurcht für das Wissen durchdrungen. Es mag sein, dass die gebildeten Schichten des deutschen Volkes noch mehr Liebe zu dem Wissen um seiner selbst willen haben, und dass bei dem jüdischen Bildungsstreben die Einsicht, dass Wissen Macht verleiht, eine verhältnissmässig grössere Rolle spielt; aber diese Mo-

tive kommen nicht so sehr in Betracht, wenn man nur
ihre gemeinsame culturgeschichtliche Wirkung, die
Steigernng der intellektuellen Bildungsstufe der Gesammtheit und den Procentsatz der zu höherer Bildung
Emporgestiegenen, in's Auge fasst. Schon der jüdische
Knabe hat durchschnittlich mehr Concentrationsfähig-
keit und Ausdauer zum Lernen als der deutsche, und
diese Eigenschaften in Verbindung mit dem Durch-
drungensein von der hohen Wichtigkeit der Bildung
bewirken, dass in jüdischen Familien ein geringerer
Procentsatz von Knaben, welche höhere Schulen besuchen, das Schulziel verfehlen, als in deutschen Familien. Dieselben Eigenschaften im Verein mit Mässigkeit, Nüchternheit und sparsamer Wirthschaftsführung
verringern unter den jüdischen Studenten den Procentsatz derjenigen, welche in der eingeschlagenen Laufbahn scheitern, und noch mehr zu Gunsten der Juden
stellt sich in Folge ihrer Ausdauer, Zähigkeit, Genüg-
samkeit und ihres Fleisses der Procentsatz derer, die
unter erschwerender Dürftigkeit sich mühsam zu einer
akademischen Laufbahn hindurchringen. So ist einerseits die Zähigkeit, mit welcher eine in höhere Bildungs-
schichten hinaufgerückte jüdische Familie in allen ihren
Nachkommen diese bevorzugte Stellung zu behaupten
sucht, und andrerseits der Drang der noch unten
Stehenden zum Emporkommen durch Aneignung von
Bildung um vieles grösser, und das deutsche Volk hat
allen Grund, sich diese Eigenschaften des jüdischen

Stammescharakters zum Muster dienen zu lassen, und der Vorsehung dankbar dafür zu sein, dass sie ihm solche Classenkameraden zur Anspornung seines Wetteifers gegeben hat. Die Juden aber mögen von dem deutschen Idealismus lernen, dass man der Würde der Wissenschaft erst dann vollauf gerecht wird, wenn man sie in letzter Instanz als Selbstzweck behandelt, und ihr durch ihre Pflege als Selbstzweck für ihren Gebrauch als Mittel zu praktischen Zwecken gleichsam Genugthuung gewährt.

Gleich dem Wissen steht auch die Arbeit in hoher Ehre bei den Juden, und nichts ist verachteter als der Müssiggang und das Leben auf Kosten Anderer. Auch hierin besteht eine Verwandschaft zwischen dem jüdischen und deutschen Volkscharakter, die noch grösser sein würde, als sie ist, wenn nicht beider Auffassung entartet wäre: die der Juden durch die tausendjährige Abwendung von productiver Arbeit zur geschäftigen Betriebsamkeit blosser Gewinnsucht und die der Deutschen durch die asketischen Einflüsse des Christenthums mit seiner nach dem Jenseits schielenden Abkehr vom Irdischen. Wie die letztere Verirrung durch die fortschreitende Entchristlichung des Protestantismus, so wird die erstere durch die Folgen der Emancipation mehr und mehr beseitigt werden; in demselben Masse wird aber auch die volle Uebereinstimmung zwischen Juden und Deutschen in ihrer Stellung zur Arbeit hervortreten, und in der Ueberwindung dieser Verirrungen kann jeder Theil von dem andern lernen.

Der dritte Charakterzug, in welchem beide Stämme zusammentreffen, ist der Familiensinn. Es mag sein, dass die Deutschen der gebildeten Stände das Verhältniss der Ehegatten unter einander und zu den Kindern idealer auffassen, und gemüthvoller, inniger und tiefer gestalten, dass man in deutschen Kreisen eine grössere Zahl von annähernd idealen Ehen findet, und dass es unter letzteren Verhältnisse giebt, die dem Ideale absolut genommen näher kommen, als man es in jüdischen Kreisen findet. Dagegen ist aber das Familienleben der niederen Schichten bei den Juden entschieden besser, weniger roh, und insbesondere frei von den Störungen durch Trunksucht, welche in den niederen Ständen des deutschen Volkes so unsäglich viel Familienglück untergräbt und zerstört. Auch die Kinder erhalten in den niederen jüdischen Schichten eine sorgfältigere Pflege als in den gleichstehenden deutschen, wie aus der Statistik der Kindersterblichkeit zu entnehmen, und sie lohnen es in reiferen Jahren den Eltern durch eine durchschnittlich grössere Pietät und Anhänglichkeit, als sie in den entsprechenden deutschen Schichten üblich ist.

Die Jüdinnen zeichnen sich gleich den Deutschen und Irländerinnen durch Keuschheit aus; insbesondere wird dies erwiesen durch das geringe Contingent, welches das Judenthum zur Prostitution liefert. Diese Keuschheit der Jüdinnen stammt zwar nicht so sehr aus dem Temperament (wie bei den Irländerinnen und den Norddeutschen), sondern aus Berechnung, wie der Umstand

beweist, dass dieselbe in ihr Gegentheil umschlägt, wo
letzteres profitlicher wird (z. B. auf der Bühne). Die
günstige Folge für die Fruchtbarkeit des Stammes bleibt
aber im Ganzen dieselbe; denn die Zukunft der Erde
gehört den Völkern, deren Weiber am keuschesten sind
und bleiben.

Der Jude hat ein stärkeres Gefühl für die sociale
Pflicht des Mannes, eine Familie zu gründen, während
grade neuerdings bei den Deutschen, und namentlich
in den besseren Ständen dieses Gefühl aus egoistischen
Rücksichten in einer für das nationale Gedeihen höchst
bedenklichen Weise schwindet. Der Jude, der eine
Familie gegründet hat, hat aber auch ein entschieden
stärkeres Gefühl der Verpflichtung, für die Zukunft
seiner Familie zu sorgen unter Entbehrungen, die er
sich selbst auferlegt. In beiden Punkten können die
Juden den Deutschen zum Vorbild dienen, wenngleich
ihre Ueberlegenheit den Deutschen gegenüber in diesen
wie in den vorerwähnten Punkten viel geringer ist als
die den Slaven gegenüber. Beachtenswerth ist auch die
Uebereinstimmung, dass Juden wie Deutsche dem weiblichen Geschlecht nicht eine praktisch unfruchtbare und
sittlich bedenkliche Galanterie widmen, sondern, dass sie es
hochschätzen und hochhalten, weil sie die Würde seines
socialen Berufs und die Ergänzung der männlichen
Charakter-, Gemüths- und Verstandes-Eigenschaften
durch die anders gearteten, aber gleichberechtigten
weiblichen anerkennen. Der deutsche Feudal- und Hof-

Adel hat sich sowohl im Mittelalter wie in der Blüthe-
zeit des französischen Hoftons verleiten lassen, sich die
romanische Art der Galanterie anzueignen, und der
heutige Geburtsadel, sowie die sein Vorbild nachahmen-
den Gesellschaftskreise haben noch immer mit der Aufgabe zu thun, diesen undeutschen Blutstropfen wieder
auszuscheiden und zu echt germanischem Familiensinn
zurückzukehren. Auch dabei kann das Beispiel des Judenthums sich mit demjenigen des einfachen aber gemüthlich
gebildeten Bürgerthums vereinigen, um das deutsche
Volk auch in seinen Spitzen sich selbst wiederzugeben.

Hält man die Unterscheidung zwischen erworbenen
und ursprünglichen Eigenschaften des Judenthums und
diejenige zwischen den Unannehmlichkeiten der Eman-
cipationskrisis und den späteren bleibenden Zuständen
fest, so wird man nicht sagen können, dass die Mischung
(sei es Mengung, sei es Kreuzung) mit $1\frac{1}{3}$ Procent
Juden den deutschen Volkscharakter schädigen könne,
wohl aber, dass sie ihm in mancher Hinsicht, sei es als
Sporn, sei es als Vorbild, von Nutzen sein könne. Was
den Deutschen, auch abgesehen von den Anstössigkeiten
der erworbenen Eigenschaften und der Emancipations-
krisis gegen den praktischen Realismus der Juden Bedenken erregen muss, ist nur, dass derselbe bis jetzt nicht
im Dienste der deutschen, sondern der jüdischen Ideale
steht, und falls die letzteren schwinden sollten, ohne durch
erstere ersetzt zu werden, sich als nackter, idealitätsloser,
praktischer Materialismus sich breit machen würde.

3. Religion.

Die meisten Christen sind es deshalb, weil sie von christlichen Eltern geboren, als Säuglinge getauft sind, und als heranwachsende Kinder einer Ceremonie beigewohnt haben, in welcher ein Kind im Namen aller das Glaubensbekenntniss hersagte. So weit die Christen in der christlichen Weltanschauung wurzeln, thun sie es durch den Einfluss der Erziehung, der Gewohnheit und des Beispiels der Umgebung; dass so wenige sich von der christlichen Gemeinschaft lossagen, liegt an der Macht der Sitte und Gewohnheit und dem Mangel an muthigem Wahrheitssinn. Wenn nur diejenigen zur christlichen Gemeinschaft gezählt würden, welche mit Ueberzeugung als erwachsene, gereifte Menschen das christliche Glaubensbekenntniss ablegen könnten und wollten, so würde die christliche Gemeinschaft sehr zusammenschmelzen; die übrig Bleibenden aber würden doch nur durch den Einfluss ihrer christlichen Erziehung in die Lage versetzt worden sein, den christlichen Glauben mit Ueberzeugung zu bekennen, während dieselben Individuen, wenn sie keine christliche Erziehung gehabt hätten, nur in ganz vereinzelten Ausnahmefällen dahin gelangen würden, den erst in reiferen Jahren näher kennen gelernten christlichen Glauben für wahr anzunehmen. Sollte das Christenthum erst jetzt seinen Eroberungszug durch Europa antreten, so würde der Widerstreit zwischen der modernen Weltanschauung

mit seinen Grundlehren ihm unüberwindliche Schwierigkeiten entgegenstellen, jedenfalls weit grössere, als die
christliche Mission gegenwärtig in fremden Welttheilen
findet.

Nun sind aber die unter den modernen Cultur-
völkern lebenden Juden in der Lage, keine christliche
Erziehung gehabt zu haben, d. h. sich über den Widerspruch zwischen den christlichen Grundlehren und der
modernen Weltanschauung nicht durch anerzogene
Pietät hinwegtäuschen zu können; wenn sie also in
reiferem Alter das Christenthum näher prüfen, um sich
eventuell zur Annahme dieses Glaubens entschliessen
zu können, so ist es kaum denkbar, dass sie sich von
der Wahrheit desselben überzeugen. Entweder bleiben
sie in der Pietät vor der Autorität stecken, dann ist es
die jüdische Religion, welcher diese Pietät zu Gut
kommt; oder sie sind durch Anlage und Bildung befähigt, frei zu denken, dann können sie vor den unlös-
baren Widersprüchen des christlichen Glaubens mit der
gesammten modernen Denkweise die Augen nicht verschliessen. So wenig der erste und dritte Artikel des
christlichen Glaubens von dem jüdischen abweichen (sobald man „Kirche Gottes" statt „christliche Kirche" setzt),
desto unannehmbarer ist dem Juden der zweite, und nur
der dialektische Eiertanz sophistischer Interpretations-
künste kann es einem Juden bei ganz exceptionellem
Bildungsgange ausnahmsweise möglich machen, den
zweiten Artikel mit dem subjektiven Glauben an seine

subjektive Ueberzeugung von dessen Wahrheit zu bekennen.

Im Grossen und Ganzen macht die Christologie es
jedem gebildeten Nichtchristen ebenso unmöglich, mit
Ueberzeugung zum Christenthum überzutreten,*) wie die
unlösbare Verquickung von Ceremonialgesetz und Sitten-
gesetz es jedem Nichtjuden unmöglich macht, zum Judenthum überzutreten. Beide geschichtliche Religionen sind
ideell überwundene Stufen im Entwickelungsgang des
religiösen Bewusstseins der Menschheit, welche durch
das geschichtliche Beharrungsvermögen noch lange ihren
äusseren Besitzstand behaupten können, welche aber,
von Ausnahmefällen abgesehen, ganz ausser Stande sind,
über ihren ererbten Bekennerkreis hinaus eine innere
Anziehungskraft auf Draussenstehende, von der modernen Denkweise Durchtränkte auszuüben. Falls alle Juden
sich morgen entschlössen, Christen zu werden, so würde
kein Christ beschränkt genug sein, dies aus der sieg-
reichen Wahrheit des Christenglaubens zu erklären;
ebenso beschränkt aber ist die Hoffnung einiger Christen,
dass mit der Zeit die Wahrheit des Christenglaubens
durch ihre innere Kraft über den Widerstand des ver-
stockten Judenthums triumphiren werde. Anscheinend
aufgeklärter, in Wahrheit aber noch beschränkter ist
die Hoffnung einiger Juden, dass die Christen nach ra-
tionalistischer Ueberwindung des christologischen Aber-

---

*) Vergl. meine Schrift: „Die Krisis des Christenthums" I., „Das
christliche Centraldogma und seine unheilbare Auflösung".

glaubens ihre Uebereinstimmung mit dem reinen jüdischen Monotheismus erkennen und damit sich zum Judenthum bekennen würden; denn diese Ansicht verkennt, dass das Judenthum mit seiner Heteronomie nicht minder obsolet ist als das Christenthum, dass es sogar eine niedrigere Entwickelungsstufe des religiösen Bewusstseins repräsentirt als dieses (was bei seiner geschichtlichen Priorität gar kein Vorwurf und keine Herabsetzung ist). *)

Wenn gebildete Juden das Vorhandensein einer religiösen Differenz zwischen ihrem Stamme und dem deutschen Volke bedauern, wenn sie bereit sind, zur Hinwegräumung dieser trennenden Schranke die äusserliche Zugehörigkeit zur jüdischen Religionsgemeinschaft, der sie innerlich doch entfremdet sind, zu lösen, um die Differenz wenigstens um die Hälfte zu verkleinern, so sollte die öffentliche Meinung einen solchen durch die Gesetzgebung erst seit Kurzem ermöglichten Schritt im Interesse des Friedens und der Verschmelzung um so dankbarer begrüssen, als der Austritt aus der jüdischen Religionsgemeinschaft einen Verzicht auf alle mit der jüdischen Solidarität angehörigen weltlichen Vortheile einschliesst. Wenn auch die dem Christenthum innerlich entfremdeten Deutschen die Consequenz zögen, aus der christlichen Religionsgemeinschaft auszuscheiden, so würde sowohl auf den Höhen der Bildung wie in den

---

*) Vergl. meine Schrift: „Das religiöse Bewusstsein der Menschheit", S. 366—541.

Niederungen der arbeitenden Classen eine breite Schicht
confessionsloser Staatsbürger entstehen, in welcher frühere
Juden und frühere Christen sich friedlich die Hand
reichten. Eine solche Schicht brauchte darum nicht
religionslos und noch weniger irreligiös zu sein, weil sie
ihre Nichtzugehörigkeit zu allen geschichtlich überlieferten Religionsformen offen eingesteht; es könnte
vielmehr grade in ihr das Menschen-Material für eine
mit der modernen Denkweise übereinstimmende Reli-
gionsform der Zukunft zu suchen sein. Wie eine Religion der Zukunft sich als gradlinige Fortbildung sowohl
des Christenthums als auch des Judenthums (mit Ueber-
springung der christlichen Stufe), und insofern als höherer
Converenzpunkt beider Entwickelungsrichtungen des
religiösen Geistes denken liesse,*) so könnte schon vorher die confessionslose Schicht wenigstens als vermit-
telndes Bindeglied zwischen den christlich und jüdisch
gebliebenen Bestandtheilen des Volkes wirken.

Aber wir haben es zunächst nicht mit den Möglich-
keiten der Zukunft, sondern mit den Wirklichkeiten der
Gegenwart zu thun, und da müssen wir leider constatiren,
dass nach der bis jetzt massgebenden Auffassung ein
confessionsloser Staatsbürger praktisch als ein staats-
gefährliches und religionsfeindliches Individuum behandelt wird, bei dem man nicht auf Treue und Glauben

---

*) Vergl. meine Schrift: „Das religiöse Bewusstsein der Menschheit
im Stufengang seiner Entwickelung“, S. 539—541, 603—627, und „Die
Religion des Geistes“.

3

rechnen darf, und der jedem Angehörigen einer bestehenden Religion ferner und fremder gegenüberstehen soll, als ein Angehöriger einer andern Religionsgemeinschaft. Diese Ansicht wird von den tonangebenden Vertretern der christlichen Kirche vermuthlich deshalb aufgestellt, weil sie nichts mehr fürchten als die Anerkennung einer Religiosität und Sittlichkeit ohne Unterwerfung unter eine bestehende Kirche, und von einer Duldung confessionsloser Juden die übelsten Folgen für den Abfall von der christlichen Kirche besorgen. Weil sie kein Vertrauen mehr auf die innere Kraft ihres Glaubens haben, legen sie desto mehr Gewicht auf die Erhaltung seiner äusseren Stützen, und lassen sich lieber den irreligiösen Spötter oder gar Heuchler gefallen, wenn er nur äusserlich vor der Macht der Kirche sich beugt, als den wahrheitsliebenden Ungläubigen, der ein übles Beispiel im Bruch mit dem Beharrungsvermögen der Volkssitte giebt. Es liegt in der Constellation unserer politischen Zustände, dass diese Ansichten der kirchlichen Vertreter auch auf die massgebenden Staatsbehörden Einfluss haben, so dass man heute selbst solche Aemter einem confessionslosen Staatsbürger noch nicht anvertrauen würde, die man einem Bekenner der mosaischen Religion bereits unbedenklich anvertraut. Hierdurch zwingt man gewissermassen die Juden, wenn sie nicht gleich zum christlichen Glauben übertreten wollen, beim jüdischen zu bleiben, schneidet also gewaltsam denjenigen Weg ab, der die religiöse Differenz zwischen

Juden und Deutschen wenigstens auf die Hälfte verringern, und, was nicht minder in's Gewicht fällt, den
nachfolgenden Generationen den etwaigen Uebertritt
zum Christenthum um die Hälfte erleichtern würde.
Dass der Uebertritt aller Juden zum Christenthum
die sicherste und radikalste Beseitigung der religiösen
Differenz wäre, ist ja nicht zu bezweifeln; weil aber bei
demjenigen, der als reifer Mensch diesen Schritt thut,
eine entschiedene Unwahrheit in dem Bekenntniss vorausgesetzt werden darf, und mit diesem Schritte weltliche Vortheile verknüpft sind, so liegt ein Odium auf
dem Glaubenswechsel, das auf sich zu nehmen man
keinem Menschen zumuthen kann. Ich bin weit entfernt, denjenigen zu tadeln, der sich zu diesem Schritte
entschliesst; ich kann sogar die Stärke eines Patriotismus und eines Familiensinnes bewundern, welche ein
persönliches, moralisches Martyrium auf sich nimmt, um
die Kluft zwischen den deutschen Staatsbürgern jüdischer
und deutscher Abkunft tilgen zu helfen, und für die
Nachkommen die Schranke confessioneller Verschiedenheit niederzureissen. Aber ich bleibe dabei, dass ein
solcher Entschluss schlechthin freiwillig sein muss, und
dass Niemand das Recht hat, denselben einem andern
anzusinnen; denn es liegt in dem Conflikt der Vater-
lands- und Familien-Liebe mit der Wahrheits-Liebe ein
Conflikt der Pflichten vor, den in jedem einzelnen Falle
nur das eigne Gewissen entscheiden kann. Wie weit
eigennützige Motive bei der Entscheidung mitsprechen,

3*

ist Niemand zu beurtheilen befugt, der nicht Herzens-
kundiger ist; aber entschieden unwürdig wäre es, den
Conflikt des Gewissens in Glaubenssachen von aussen
her durch Vorhaltung solcher niederen Motive beein-
flussen und die Juden durch weltliche Vortheile zum
Christenthum hinüberziehen zu wollen. Rein politische
Massregeln mögen nach der Nützlichkeit des Erfolges
bemessen werden; wo aber das innerste Gemüthsleben
und die höchsten Güter des Geistes in's Spiel kommen,
da würde der Schaden durch Vergiftung der Lauterkeit
zu gross sein, um durch irgend welchen äusserlichen
Nutzen des Erfolges aufgewogen werden zu können.

In den Kreisen des gebildeten Judenthums ist die
Zahl der bereits Uebergetretenen nicht gering; da aber
diese Kreise von den unteren Schichten weit überwogen
werden, in denen keine Uebertritte vorkommen, so fällt
die Zahl der Proselyten im Verhältniss zu dem gesammten Judenthum unsres Volkes doch bei weitem
nicht so in's Gewicht, als diejenigen glauben möchten,
welche in ihren Kreisen häufig genug getauften Juden
begegnen, und es sind über die Gesammtziffer der getauften Juden in Deutschland (beziehungsweise der Nachkommen von solchen) sehr übertriebene Vorstellungen
im Umlauf. So lange nicht Frieden und Versöhnung
zwischen dem ungetauften Judenthum und dem deutschen
Volke eingetreten ist, so lange wird auch die Summe
der vom Judenthum geweckten Volksantipathien sich
an den Racentypus heften, und so lange werden auch

die getauften Juden unter dieser Antipathie mehr oder
minder zu leiden haben, und zwar um so mehr, je
weniger veredelt und dem Deutschen angenähert ihre
Gestalt, Physiognomie, Aussprache u. s. w. ist. So
lange aber die getauften Juden, trotz ihrer formellen
Lossagung vom Judenthum unter der antisemitischen
Antipathie mit zu leiden haben, werden sie gleichsam
unwillkürlich von den sie abstossenden christlichen Mitbürgern auf ihre jüdischen Stammesgenossen zurückge-
drängt, und während die allein werthvolle Wirkung des
religiösen Proselytismus in der Lösung von der Solidarität des Stammesbewusstseins liegt, wird diese Wirkung, wenn nicht aufgehoben, so doch unvollständig
gemacht durch den Antisemitismus als solchen, der damit zugleich die wichtigsten Motive entkräftet, welche
zur Lostrennung von der jüdischen Religion zu führen
geeignet sind.*)

Die Thatsache, dass die Volksantipathien gegen
den Juden durch die Taufe wenig alterirt werden, ja
dass sie sich sogar auf Mischlinge getaufter Eltern übertragen, ist der sicherste Beweis von der Unhaltbarkeit
der christlich orthodoxen Manier, die Judenfrage als eine
rein religiöse Frage zu behandeln, und zu thun, als ob
mit dem Uebertritt aller Juden zum Christenthum die

*) Die harmlose Zeit, wo gebildete Juden, die selbst keine Lust zum
Proselytismus hatten, ihre neugeborenen Kinder einfach taufen und in der
christlichen Confession erziehen liessen, ist durch den Antisemitismus grund-
lich überwunden, was sehr zu bedauern ist.

Judenfrage mit einem Schlage aus der Welt geschafft sein würde. Die Judenfrage ist ebensowenig eine bloss ethnologische wie eine bloss religiöse Differenz, aber sie ist sowohl das eine wie das andere, ohne sich in diesen beiden Faktoren zu erschöpfen. Es ist ebenso einseitig, die religiöse Differenz zur alleinigen aufzubauschen, wie deren Bedeutung als mitwirkenden Faktor ganz zu leugnen. Es ist ebenso boshaft und absurd, den Hass gegen die heutigen Juden zu predigen, weil ihre angeblichen Vorfahren Jesus Christus gekreuzigt haben sollen, wie es oberflächlich und gedankenlos ist, die einschneidende Scheidekraft verschiedener Religionsformen in demselben Nationalstaat zu verkennen. Je geringer die Aussicht ist, dass in nächster Zeit alle Juden zu Christen, oder auch nur zu confessionslosen Staatsbürgern werden, desto wichtiger ist es, sich darüber klar zu werden, in welcher Hinsicht und welchem Grade die jüdische Religion als trennende Schranke in unserm Volksleben wirkt.

Man kann im Allgemeinen behaupten, dass die Masse des Volkes sich um die Dogmen als solche wenig kümmert, auch in sofern sie grundlegender Art sind, dass es aber desto mehr Werth legt auf die religiöse Praxis, den überlieferten Cultus und die religiöse Sitte, auch in solchen Punkten, in denen beide sich in ganz gleichgültigen Aeusserlichkeiten bewegen, oder gar durch überwundene Anschauungen bestimmt sind. Zwei dogmatisch identische Religionsformen mit wesentlich ver-

schiedenen Culten und Gebräuchen würden als trennende
Schranke wirken, zwei dogmatisch divergirende Religionsformen mit wesentlich gleichen religiösen Festen
und Gewohnheiten dagegen würden den Frieden innerhalb eines Volkes gar nicht stören, wenn auch die beider-
seitigen Theologen einander in die Haare fahren möchten.
Die Differenz zwischen Lutheranern und Reformirten
hat sich darum verhältnissmässig leicht überbrücken
lassen, weil die religiösen Aeusserlichkeiten so wenig
Verschiedenheit darboten; sie war nur so lange eine
brennende Frage, als weitere Volkskreise sich von Theologen zur Theilnahme an ihren dogmatischen Streitigkeiten hatten mitreissen lassen. Die Differenz zwischen
Katholiken und Protestanten ist viel schwerer zu überbrücken, nicht weil die dogmatische Divergenz erheblich
grösser wäre, sondern weil die kirchliche Organisation
und Praxis so viel abweichender ist.

Gerade in unserer Zeit, wo wegen der wachsenden
Obsoletheit der christlichen Dogmen auch der Indiffe-
rentismus gegen alles Dogmatische in den Religionen
beständig wächst, würden auch die Streitigkeiten über
die Einpersönlichkeit oder Dreipersönlichkeit Gottes,
über Erlösung durch den Vater oder durch den Sohn
u. s. w. unmöglich im Stande sein, jüdische und christliche Kreise des Volkes gegen einander zu erregen.
Dagegen ist es eine immer von neuem sich sinnenfällig
aufdrängende Schranke, dass beide Theile einen verschiedenen Wochentag der Arbeitsruhe und cultischen

Feier widmen, und dass die Juden durch ihre religiöse Sitte verhindert sind, als Gäste ihrer christlichen Mitbürger an deren gesundheitsgemäss bereiteten Mahlzeiten theilzunehmen. Dass die religiösen Vorschriften des Ceremonialgesetzes auf keine Weise ihrem Inhalt nach durch die religiösen Grundwahrheiten des jüdischen Glaubens bestimmt und bedingt sind, dürfte unbestritten sein, und das Reformjudenthum leitet hieraus seine Berechtigung zur allmählichen Ausgleichung jüdischer und christlicher Sitten ab. Dass aber in formeller Hinsicht das Ceremonial- und Moralgesetz ein untrennbares Ganze bilden und einer und derselben Sanction unterstehen, dass deshalb mit der Aenderung des ersteren die Sanction des ganzen Gesetzes erschüttert und der ganze Standpunkt der mosaischen Gesetzesreligion zu Gunsten einer Religion der Vernunft und des autonomen Gewissens verlassen wird, dürfte ebenso wenig zu bestreiten sein, und hieraus schöpft die orthodox-jüdische Theologie die Berechtigung, dem Reformjudenthum den prinzipiellen Abfall von Mosaismus vorzuwerfen.

Es sollte hier nur constatirt werden, dass ein Verzicht auf die absondernden religiösen Sitten genügen würde, um auch ohne Uebertritt zum Christenthum die scheidende Kraft der confessionellen Differenz zu lähmen; zugleich aber ist die jüdische Orthodoxie darauf hinzuweisen, dass sie sich in einem schreienden Selbstwiderspruch befindet, wenn sie ihre Anhänger mit Beobach-

tung der nebensächlichen Vorschriften des Ceremonialgesetzes belästigt, aber in Bezug auf dessen Hauptvor-
schrift, den Opfercultus, die längst unhaltbar gewordene
historische Fiktion aufrecht erhält, als ob der Opfercultus
ihr durch force majeure verwehrt wäre. Diese Fiktion
dient lediglich dazu, den Widerspruch zwischen dem
Hauptinhalt des Ceremonialgesetzes und dem modernen
Bewusstsein zu verschleiern, der sofort hervortreten
würde, wenn die Orthodoxen alle ihre Anhänger zwingen
wollten, in einem wieder aufgerichteten Tempel zu Jerusalem die vorgeschriebenen Opfer darzubringen oder
darbringen zu lassen. Es ist übrigens dafür gesorgt,
dass die Proteste der orthodoxen Juden den Lauf der
Geschichte nicht aufhalten; den Bruch mit der religiösen
Stammessitte, den das gebildete deutsche Judenthum in
der Hauptsache bereits vollzogen hat, wird in kurzem
das gesammte deutsche Judenthum vollzogen haben,
welches schon heute das „Gesetz" weit laxer beobachtet,
als es weiter im Osten noch geschieht. Der Widerspruch zwischen der Weltanschauung, aus welcher die
religiöse Sitte der Juden entstanden ist, und der modernen
Denkweise ist so schreiend, dass nur so lange die Aufrechterhaltung des „Gesetzes" gelingen kann, als es gelingt, das Judenthum von der modernen Bildung fern
zu halten; dazu aber ist keine Aussicht mehr in den
Ländern, wo durch die vollzogene Emancipation den
Juden der Eintritt in die höhern Stände eröffnet ist.
In dem Reformjudenthum erkenne ich eine rational-

istische Gewissensreligion, einen moralischen Deismus des Aufklärungszeitalters, der es liebt, seine erbaulichen Betrachtungen an alttestamentliche Texte anzuknüpfen; mit anderen Worten, ich sehe darin eine faktische Loslösung von dem eigentlichen Geistesgehalt des Mosaismus bei vermeintlicher Wahrung des Zusammenhanges mit demselben. Solche inconsequente Standpunkte sind aus philosophischem Gesichtspunkte gering zu achten, aber ihr geschichtlicher Werth ist nicht zu unterschätzen, weil sie den Uebergang zum confessionslosen Staatsbürgerthum unter dem Schleier des nominellen Fortbestandes der Zugehörigkeit zu einer geschichtlichen Religion unmerklich und allmählich vollziehen.

Ausser dem Gesetz hat die jüdische Religion noch einen zweiten Bestandtheil: die Verheissung. Alle Religionen enthalten Verheissungen, aber nicht bei allen spielen neben den jenseitigen Verheissungen die irdischen eine so grosse Rolle wie beim Judenthum, und während bei den kosmopolitischen Religionen die Verheissungen jedem Gläubigen ohne Unterschied der Nationalität zu gut kommen, machen die Nationalreligionen, zu denen das Judenthum gehört, die Theilnahme an den Verheissungen von der angeborenen oder erworbenen Stammeszugehörigkeit abhängig. Nur die Juden als das auserwählte Volk Gottes, haben Anspruch auf die Verheissungen der jüdischen Religion; die Blutsverwandtschaft ist Bedingung für die Theilnahme am Heil. Die Adoption eines Fremden durch das jüdische

Volk sichert ihm zwar im Allgemeinen die Theilnahme am Gottesreich, aber die angestammten Juden haben einen Vorzug, und innerhalb ihres Stammes wieder die reinen Vollblutjuden, welche in der relativ engsten Blutsverwandtschaft zu den Patriarchengeschlechtern stehen. Denn wo die Gerechtigkeit des Einzelnen nicht vollauf genügt, blickt Gott auf die vollendete Gerechtigkeit heiliger Vorfahren und rechnet sie gleichsam als Erbverdienst den Nachkommen bis in's tausendste Glied an. In dem jenseitigen Gottesreich sind überhaupt nur Juden, da andere nicht auferstehen; in dem diesseitigen Vollendungsreich Jehovah's sind zwar auch noch andre Nationen, aber alle huldigen Jehovah und sind dessen auserwähltem Herrschervolk tributär.

Die geographische Bestimmtheit seiner vorchristlichen Entstehungszeit (die Vorstellung einer Welthauptstadt Jerusalem), hat dieser Traum einer jüdischen Weltherrschaft eingebüsst, aber im Sinne einer alle Völker beherrschenden jüdischen Aristokratie hat er sich nicht nur erhalten, sondern hat sogar in neuerer Zeit deutlichere Umrisse gewonnen. Schon das älteste Gesetzbuch verheisst dem jüdischen Volk, dass es das Haupt aller Völker sein und allen leihen werde, wenn es die Gesetze seines Gottes halte, dass es aber der Schweif der übrigen sein und von allen werde leihen müssen, wenn es dieselben nicht halte (5. Mos. 28, 12—13 u. 44); hier also ist schon i. J. 626 v. Chr. auf den Besitz eines ausleihbaren Kapitals als auf das Machtmittel hingewiesen,

durch welches das jüdische Volk sich zum Haupt der
Menschheit emporschwingen solle, wenn es an der
jüdischen Gesetzesreligion (und mit ihr an dem Solidaritätsbewusstsein des jüdischen Stammes) festhalte. Wenn
der jüdische Stamm mit der Zähigkeit eines Märtyrers
durch die Jahrtausende der Unterdrückung und Ver-
folgung hindurch an dem Glauben seiner Väter festgehalten hat, so war es wesentlich das Vertrauen in die
Untrüglichkeit seiner Verheissungen, was ihm die Kraft
dazu verliehen hat, und die Hoffnung, durch Stand-
haftigkeit im Leiden seinen Nachkommen die Früchte
des Bundes zu sichern. Dem ungebildeten Juden
schweben diese Verheissungen natürlich in einer andren
vorstellungsmässigen Gestalt vor als dem gebildeten;
aber soweit noch überhaupt ein jüdischer Glaube und
ein jüdisches Solidaritätsgefühl in voller Lebenskraft
besteht, ist der Glaube an diese Verheissungen in irgend
welcher Gestalt ebenso wenig erloschen wie das Selbstgefühl, das auserwählte Volk Gottes zu sein.

In den gebildeten Kreisen des gläubigen Judenthums nimmt der jüdische Stammesstolz die Wendung,
dass das Judenthum durch seinen reinen Monotheismus
der Welt die höchste, absolute Religion gebracht habe,
und die Aufgabe habe, diese Religion zum Siege in
der Welt zu führen. Hierbei ist nur vergessen, dass
der Muhammedanismus ebenso reiner (d. h. abstrakter)
Monotheismus ist wie das Judenthum, demselben aber
überlegen ist dadurch, dass er als universelle Religion

von der nationalen Schranke des Judenthums frei ist
und als eine anderthalb Jahrtausende jüngere Religion
auch einen brauchbarern und minder obsoleten Inhalt
des „Gesetzes" hat. Es ist ferner dabei vergessen, dass
das Christenthum die unbrauchbare jüdische Erlösungs-
lehre durch Wiedereinführung des im Judenthum ver-
loren gegangenen Immanenzgedankens umgestaltet und
damit das religiöse Bewusstsein der Menschheit auf eine
neue höhere Stufe gehoben hat. Es ist endlich vergessen, dass das zur Einführung des Monotheismus auserwählte Volk mit der Genesis dieser beiden Tochter-
religionen seine weltgeschichtliche Mission, wenigstens
auf religionsgeschichtlichem Gebiete, erfüllt hatte und
das Martyrium des letzten Jahrtausend aus blossem ge-
schichtlichem Beharrungsvermögen zu Gunsten einer
längst gesicherten und nirgends mehr gefährdeten, vielmehr bereits positiv überwundenen Idee erlitten hat,
dass also der Werth seiner providentiellen Mission in
religiöser Hinsicht längst erloschen ist, und nur aus
Verständnisslosigkeit gegen den Fortgang des religiösen
Entwickelungsprocesses als Fiktion festgehalten wird.

Aber ob nun berechtigt oder unberechtigt, thatsächlich besteht der Stolz des jüdischen Stammes auf
seine providentielle Mission nicht bloss als historische
Reminiscenz an eine ferne Vergangenheit, sondern auch
als Triebfeder für die Gegenwart und die Erwartungen
der Zukunft, und fällt in letzterer Hinsicht zusammen
mit dem Glauben an die Verheissungen seiner Religion.

Das über die Landesgrenzen hinübergreifende Solidaritätsgefühl des Judenthums hat in gewissem Sinne einen noch idealeren Zug als das Nationalgefühl eines Volkes, eben weil ihm die geographische Beschränkung fehlt; der Traum von einer jüdischen Weltherrschaft ist an weltumspannender Grossartigkeit nur mit dem katholischen Traum einer päpstlichen Weltherrschaft in Parallele zu stellen, und scheint wohl geeignet, beim Erlöschen der religiösen Glaubenskraft als ideales Surrogat in dem Solidaritätsbewusstsein des Judenthums zu fungiren. In diesem Sinne kann auch das Reformjudenthum eine zweischneidige Rolle in der Geschichte spielen; es kann einerseits seine Aufgabe erfüllen, die jüdische Religion als solche zu zersetzen und die Juden zu einer unjüdischen Gewissensreligion hinüberzuleiten, es kann aber andrerseits daneben als äusserer Sammelpunkt für diejenigen Juden fortwirken, welche an dem Traum der Weltherrschaft des auserwählten Volkes als an dem idealen Faktor des nationaljüdischen Solidaritätsbewusstseins festhalten.

Also nicht als religiöse Glaubens- und Sittenlehre, sondern durch die Verquickung religiöser und nationaler Gefühle, Wünsche und Hoffnungen wird die jüdische Religion (abgesehen von den religiösen Gebräuchen) zur trennenden Schranke zwischen Juden und Nichtjuden; nur wenn der Mosaismus im Stande ist, ausser seinen veralteten Gebräuchen auch seine nationale Beschränktheit abzustreifen, nur dann kann er aufhören,

ein Friedensstörer zwischen seinen Bekennern und der
übrigen Welt zu sein, womit er freilich etwas ganz
andres werden würde, als was sein Name bisher bezeichnet hat.

Wenn das deutsche Volk den jüdischen Proselyten
mit instinktivem Misstrauen begegnet, so hat das zum
Theil seinen Grund in der Befürchtung, dass diese Juden
von Herzen Juden geblieben seien, dass sie sich nur in
das feindliche Lager geschlichen haben, um aus dieser
Position um so wirksamer die Interessen des Judenthums zu fördern, und dass sie, so lange sie die Interessen des Judenthums fördern, auch von den Juden selbst
nicht als Abtrünnige, sondern als „stille Compagnons"
betrachtet und behandelt werden. Diese Auffassung
wird bestärkt in denjenigen Fällen, wo die Proselyten
sich als thätige Mitglieder einer politischen Partei anschliessen, welche in dem Rufe steht, die Interessen des
Judenthums zu fördern.

Es ist klar, dass alle Juden das lebhafteste Interesse
daran haben, eine solche Ansicht über die eigentlichen
Ziele des Judenthums als böswillige Erdichtung oder
abgeschmackte Besorgniss zu verwerfen; aber eben weil
dieses Interesse so lebhaft ist, ist es erklärlich, dass die
Ableugnungen mit entschiedenem Misstrauen aufge-
nommen werden. Dass die Masse des Judenthums gegenwärtig die Verheissungen seiner Religion noch nicht in
diesem politischen Sinne auffasst, ist ohne Weiteres zu-
zugeben; ebenso ist anzunehmen, dass ein grosser Theil

der jüdischen Elemente, welche in der Literatur und
Presse Wortführer sind, dergleichen Perspektiven für
leere und eitle Träumereien hält, weil er zu sehr von
dem negativzersetzenden Geiste des Judenthums durch-
säuert ist, um an irgend welche Ideale zu glauben.
Endlich ist einzuräumen, dass die geistigen Spitzen des
Judenthums in den verschiedenen Ländern sich vorläufig
um diese entfernte Zukunftsperspektive praktisch nicht
kümmern, sondern alle ihre Kraft an weit näher liegende
und dringlichere Aufgaben zu setzen haben. Dies alles
hindert aber nicht, dass diese Perspektive ihnen wirklich
vorschwebt, dass alle Arbeit des Judenthums in seiner
Selbstförderung thatsächlich geeignet ist, diesem Ziele
vorzuarbeiten und näher zu kommen, und dass bei einer
nahe gerückten Verwirklichung dieses Zieles das Judenthum die Kraft haben würde, alle seine indifferenten
und abtrünnig gewordenen Elemente wieder an sich zu
ziehen, weil diese sich beeilen würden, an den Vortheilen
der Weltaristokratie Theil zu nehmen. Die entscheidende
Frage ist also die, ob und in wieweit die vom Judenthum eingeschlagenen Wege zu seiner Selbstförderung
fähig und geeignet sind, Zustände herbeizuführen, bei
welchen die Verwirklichung jenes idealen Zieles aussichts-
voll scheint; kann diese Frage bejaht werden, so ist
nicht zu bestreiten, dass dieses ideale Ziel in den Köpfen
der leitenden Juden auftauchen müsste, sobald die Zeit
für dasselbe reif würde, selbst dann, wenn es wahr wäre,
dass es heute noch eine Chimäre ohne Einfluss ist.

Man sieht aus dem Vorstehenden, wie die Wechselwirkung zwischen der ethnologischen und religiösen Seite
der Judenfrage ein viel verwickelteres Problem zum Ergebniss hat, als man nach den in den isolirten Faktoren
liegenden Schwierigkeiten erwarten sollte, und wie insbesondere diese Wechselwirkung die nationale und politische Seite der Judenfrage erzeugt.

4. Stammesgefühl und Nationalgefühl.

Das jüdische Stammesgefühl collidirt mit dem
Nationalgefuhl der Wirthsvölker nicht bloss äusserlich
in dem Gegensatz von Juden und Nichtjuden, sondern
auch innerlich im jüdischen Bewusstsein selbst. So lange
die Juden nicht emancipirt sind, den Nationalstaaten
nicht organisch eingegliedert, sondern als fremde Bestandtheile aggregirt sind, kann von einem Nationalgefühl
der Juden nicht die Rede sein; sobald sie aber den
übrigen Staatsbürgern gesetzlich gleichgestellt sind, muss
sich mit ihrem Willen oder gegen denselben ein ge-
wisses Nationalgefühl entwickeln. Dasselbe fusst zunächst
auf dem privatwirthschaftlichen Interesse, den Staat und
das Volk, mit dessen Wohl und Wehe das eigene Gedeihen untrennbar verknüpft ist, gedeihen zu sehen; aber
es erschöpft sich nicht mit diesem Interesse, wie schon
daraus zu entnehmen, dass in der Zeit vor der Emancipation dieses Interesse auch besteht, ohne zu einem
Nationalgefühl im eigentlichen Sinne zu führen. Viel-

mehr kommt das Gefühl einer geistigen Solidarität in
Bezug auf die idealen Güter der nationalen Cultur hinzu,
in welchen die emancipirten Juden ihr geistiges Leben
führen, während die nichtemancipirten in der längst überwundenen Culturstufe des Talmudismus stecken bleiben.
Dieses geistige Band ist weit stärker als das materielle;
der durch die Nationalsprache vermittelte, in der Nationalliteratur ausgeprägte Ideenschatz nimmt den jüdischen
Knaben und Jüngling ebenso in seinen Bann wie den
nichtjüdischen und wird dem jüdischen Manne zur geistigen Substanz seines Daseins. Schon die Schule vermittelt einen Theil dieser nationalen Ideale und weckt
und pflegt damit die patriotischen Gefühle; das Heer
aber setzt diese Erziehung an den dienstfähigen Juden
fort und impft auch den Widerstrebenden einen Funken
nationalen Geistes ein. Die jüdischen Männer, welche
sich an der Politik ihres Vaterlandes thätig betheiligen,
gewinnen auch dabei unwillkürlich ein ideales Interesse
für das Gedeihen des Staatswesens, dem sie ihre Thätigkeit widmen, mögen sie immerhin damit beginnen, den
Staat und die politische Thätigkeit in demselben als ein
Mittel für die Pflege jüdischer Sonderinteressen zu betrachten. Diese Ursachen zur Erzeugung eines Nationalgefühls wirken um so stärker, je höheren Gesellschaftsschichten die Betroffenen angehören, je höhere Schulen
sie besuchen, je mehr sie sich in die Nationalliteratur
und ihren Geist versenken, und je mehr sie die bevorzugte militärische Ausbildung der einjährig Freiwilligen

geniessen; sie wirken um so ungehemmter, je mehr die Vorfahren schon denselben Einflüssen unterworfen waren, je mehr also der in der Familie herrschende Geist mit diesen Einflüssen gleichgerichtet ist.

Allerdings ist der nationale Zug im deutschen Volksleben ziemlich neuen Datums, denn er ist erst durch den Untergang des alten deutschen Reiches geweckt und durch die Errichtung des neuen befestigt worden, während die Deutschen des 18. Jahrhunderts noch in einem abstrakt-idealen Kosmopolitismus befangen waren. Aber dieser auch in der Literatur des vorigen Jahrhunderts herrschende kosmopolitische Geist ersetzt doch in gewissem Masse, was dem deutschen Nationalgefühl im Vergleich zu dem seiner Nachbarn an Intensität abgeht; denn er hat die mit der Literatur des 18. Jahrhunderts genährten und gebildeten Juden zunächst mit dem Gedanken vertraut gemacht, in ihrem partikularistischen Stammesgefühl nicht das höchste Ideal mehr zu sehen, sondern es dem kosmopolitischen Menschheitsideal unterzuordnen. Gilt nun letzteres als das höchste und eigentlich zu erstrebende, und aller Gemeinsinn partikularistischer Art nur als Mittel zu ihm, so gehört nur noch ein verhältnissmässig kleiner Schritt dazu, das jüdische Stammesgefühl mit dem Nationalgefühl zu vertauschen, wenn dieses ein zweckmässigeres Mittel als jenes zur Verwirklichung des höchsten Menschheitsideals zu sein scheint. Das kosmopolitische Ideal wirkt also bei diesem Process als eine Mittelstufe, welche den Ueber-

gang vom Stammesgefühl zum Nationalgefühl leiser und
unmerklicher vermittelt und den vorher angeführten Faktoren für die Erzeugung eines Nationalgefühls die Wirk-
samkeit erleichtert. Bei den Juden, die unter romanischen
und slavischen Völkerschaften leben, fehlt diese Mittelstufe, wird aber reichlich ersetzt durch die elementare
Gewalt des nationalen Fanatismus jener Völker.

Das so entstehende Nationalgefühl ist die Gegenleistung, welche bei der Emancipation der Juden von
ihrer früheren Rechtlosigkeit stillschweigend als selbstverständlich vorausgesetzt wurde. Ein Nationalstaat,
welcher ethnologisch und religiös fremdartigen Bestandtheilen die volle Gleichberechtigung verleiht, kann dies
nur unter der Voraussetzung thun, dass diese Bestandtheile ihm zum Dank ein volles und ganzes Herz darbringen. Es genügt als Gegengabe nicht das „Hei-
mathsgefühl“, welches den Menschen an die Scholle und
Landschaft kettet, nicht der abstrakte „Patriotismus“,
welcher dem Vaterlande Gedeihen wünscht vor allen
andern Ländern und im Conflktsfall Gut und Blut für
den Schutz des eigenen Staates gegen dessen Feinde
einsetzt; es ist unbedingt ein „Nationalgefühl“ erforder-
lich, welches die nationalen Culturideale als höchste
geistige Güter mit Liebe und Enthusiusmus umfasst und
durch Förderung des nationalen Culturlebens an der
Förderung der Menschheitscultur mit zu arbeiten strebt.
Wer die Gleichberechtigung als Vollbürger eines Nationalstaats in Anspruch nimmt, der muss auch bereit sein,

alles, was seinem Gemüth an Gemeinsinn innewohnt, auf das Volk zu richten, das ihn als seinen Adoptivsohn aufnimmt, d. h. der muss seiner Nation ein ganzes und ungetheiltes Herz entgegenbringen. Wer nur ein halbes oder getheiltes Herz zur Verfügung hat, der zahlt nur den halben Preis und sucht den andern Theil im Handel zu übervortheilen, wenn er doch die ganze Waare verlangt. Die äusserliche Erfüllung der staatsbürgerlichen Pflichten kann in keiner Weise als Aequivalent für den Vollgenuss der staatsbürgerlichen Rechte gelten, sondern nur insofern, als die Präsumtion statthaft ist, dass sie aus dem vollen und uneingeschränkten Zugehörigkeitsgefühl entspringt.

Das Judenthum hat aber bis jetzt kein ungetheiltes Herz, weil das noch fortbestehende Solidaritätsgefühl des jüdischen Stammes dem deutschen Nationalgefühl Concurrenz macht, und die Wortführer des Judenthums gehen so weit, die Gewährung der Gleichberechtigung an die Juden als eine rechtliche Verpflichtung der Staaten hinzustellen, für welche überhaupt keine innerliche Gegenleistung beansprucht werden dürfe. Solche Behauptungen sind mehr wie irgend etwas anderes geeignet, den Antisemitismus zu schüren, und es ist ihnen gegenüber daran zu erinnern, dass es kein absolutes Recht auf internationale Freizügigkeit giebt, dass vielmehr jeder Staat das Recht hat, die Bedingungen festzusetzen, unter welchen er Fremden die Ansiedelung auf seinem Gebiet gestatten will. Diese Bedingungen

waren eben die bekannten Zustände vor der Emancipation, und die Juden hatten deshalb keinerlei Rechtstitel,
auf Grund dessen sie die Aenderung der Bedingungen,
unter denen ihre Vorfahren als ungebetene Gäste ein-
gewandert waren, beanspruchen konnten. Wenn diese
Aenderung dennoch gewährt worden ist, so ist es eben
nicht auf Grund rechtlicher Verpflichtung zu derselben,
sondern als freie Leistung auf Grund fortgeschrittener
humanerer Anschauungen und in der Zuversicht, dass
die Nationalisirung der Juden die in solcher Gewährung
liegenden nationalen Gefahren unschädlich machen werde.

So unverständig es gewesen wäre, die Emancipation
der Juden zu bewilligen ohne die sichere Erwartung,
dass ihr Stammesgefühl mit der Zeit durch das Nationalgefühl verdrängt werden würde, so unverständig wäre
es, eine solche Umwandlung der Gefühle mit einem
Schlage zu erwarten. Wenn schon ein deutscher
Stamm mindestens ein Menschenalter zu brauchen pflegt,
um sich in eine Annexion durch einen deutschen Staat
zu finden, so werden drei Menschenalter als die aller-
kürzeste Frist zu bezeichnen sein, die man den deutschen
Juden gönnen muss, um sich als Deutsche fühlen zu
lernen. Es soll Niemandem zugemuthet werden, seinen
Gefühlen Gewalt anzuthun, nur soviel kann man mit
Fug und Recht verlangen, dass der Jude, der sich noch
halb als Jude und halb als Deutscher fühlt, den Genuss
des deutschen Vollbürgerrechts als eine zur Hälfte
noch unbezahlte Schuld empfinde, die er seinen

Kindern und Enkeln zur Einlösung überlässt. Das
Judenthum durfte entweder die Emancipation nicht annehmen, oder es musste sie unter diesem Gesichtspunkt
annehmen; daraus folgt dann aber, dass jede jüdische
Generation die fortschreitende Erstarkung des deutschen
Nationalgefühls und die damit Hand in Hand gehende
Abschwächung des jüdischen Stammesgefühls nicht
hindern darf, wenn sie dieselbe auch mit gemischten,
vielleicht überwiegend schmerzlichen Gefühlen wahr-
nimmt.

Gäbe es Juden nur in einem einzigen Staate, so
wäre ein engeres Zusammengehörigkeitsgefühl unter
denselben nicht eine so unmittelbare Gefahr für das
Nationalgefühl; denn es wäre ganz von demselben um-
schlossen wie ein engerer Kreis von dem weiteren, und
könnte nur in dem Sinne wie jedes particularistische
Fraktions- oder Sonderinteresse gefährlich werden, insofern es in unberechtigter Weise über das Gesammtinteresse gestellt wird. Da es aber in vielen Staaten
Juden giebt, so wird das jüdische Stammesgefühl zu
einem Kreise, der viele nationale Kreise überschneidet,
also umfassender ist als jeder von diesen, und deshalb
auch das particularistische Interesse des innerstaatlichen
Judenthums logisch zwingt, sich als Glied des jüdischen
Stammesinteresse über das nationale Interesse des Einzel-
staats zu stellen. So bildet das Judenthum eine internationale Freimaurerei, die an der Religion ihren idealen
Inhalt, an dem ethnologischen Typus ihr sichtbares Er-

kennungszeichen und an der Alliance israélite universelle und deren Kapitalmacht das Krystallisationscentrum
einer internationalen Organisation besitzt. Vorläufig
beschränkt sich zwar der ostensible Zweck der Alliance
auf Förderung der jüdischen Religion, internationalen
Rechtsschutz und vollständige Eroberung der bürger-
lichen Gleichberechtigung der Juden; aber es ist selbstverständlich, dass eine solche Organisation, wenn sie
einmal besteht, den Einfluss, den sie durch ihre persönlichen Verbindungen und ihre Kapitalmacht besitzt,
hinter den Coulissen ganz allgemein zur Förderung der
internationalen Interessen des Judenthums, zur Steigerung
seiner Macht und zur Befestigung seiner Solidarität an-
wendet, und es ist ebenso selbstverständlich, dass die
Sphäre ihrer Aufgaben sich erweitern muss nach Massgabe, als die Position des Judenthums in den einzelnen
Staaten stärker wird. Wenn auch die gegenwärtige
Bedeutung der Alliance von antisemitischer Seite sehr
überschätzt und übertrieben wird, so ist doch nicht zu
leugnen, dass sie in den Augen der jüdischen Patrioten
die erste embryonische Anlage zu einer Centralregierung
der künftigen jüdischen Weltherrschaft darstellt, und
dass in diesem Sinne ihre Existenz ein nicht zu unter-
schätzendes Kräftigungsmittel der jüdischen Zukunfts-
träume und ein bedauerliches Hinderniss für die schnel-
lere Nationalisirung und Entjudung der Juden ist. Der
besonnene Theil der gebildeten Juden sollte deshalb
nach Kräften dahin wirken, die Thätigkeit der Alliance

auf ihre ostensiblen Zwecke zu beschränken, und sie mit zunehmender Erreichung derselben allmählich erlöschen zu lassen.

Ob das Stammesgefühl oder das adoptirte National-gefühl in einem Juden stärker ist, kann im besonderen Falle auf das Experiment gezogen werden, wenn der Betreffende in die Alternative versetzt wird, von zwei gleich würdigen und bedürftigen Menschen nur einem helfen zu können, entweder einem fremdstaatlichen Juden oder einem nichtjüdischen Landsmann. Ich zweifle nicht daran, dass bei solcher Probe in dem bei weitem grösseren, ungebildeten Theile der deutschen Judenschaft das jüdische Solidaritätsgefühl den Sieg über das nationale davontragen würde, und dass nur bei einem Theil der gebildeteren deutschen Juden das entgegengesetzte Ergebniss eintreten würde. Ist diese Annahme richtig, so ist die Schlussfolgerung unabweislich, dass die von der deutschen Judenschaft mit Annahme der Emancipation übernommene Schuld bis jetzt auch noch nicht zur Hälfte abgetragen ist. Ich glaube, dass man sich darüber weder wundern noch Besorgnisse für die Zukunft daraus schöpfen darf; denn es liegt in der Natur der Sache, dass ein solcher Umwandlungsprocess der Gefühle zuerst langsam anhebt, wenn er aber einmal in Fluss gekommen ist, mit progressiv zunehmender Geschwindigkeit sich vollzieht.

Worauf es nächst der Anerkennung der einzu-lösenden Schuld vor Allem ankommt, ist, dass die Wort-

führer des Judenthums die thatsächlich gegebene Lage
anerkennen, d. h. einräumen, dass die Concurrenz
zwischen Stammesgefühl und Nationalgefühl besteht,
dass bis jetzt nur in einer gebildeten Minderzahl das
letztere siegreich geworden ist, und dass in dem noch
bestehenden Uebergewicht des Stammesgefühls über
das Nationalgefühl der ideale Kern der Judenfrage
steckt. Denn wenn der heutige Zustand bestehen bliebe,
so wäre das deutsche Volk vom Judenthum durch die
Forderung und Annahme der Emancipation betrogen
worden, und diejenigen, welche dem deutschen Volke
zumuthen, mit der gegenwärtigen Sachlage zufrieden
zu sein, muthen ihm mit andern Worten zu, sich zum
willigen Fussschemel der Grösse und Herrlichkeit der
künftigen jüdischen Weltherrschaft zu machen, was doch
selbst aus dem Gesichtspunkt des abstraktesten Liberalismus etwas viel verlangt ist.

In der That wird die Concurrenz des Stammesgefühls und Nationalgefühls zugegeben, aber nicht offen
in demselben Athem, sondern indirekt im Schaukelspiel
einer talmudischen Dialektik, welche jedesmal nur diejenige Seite der Medaille nach oben legt, welche für
den augenblicklichen polemischen Zweck gebraucht
wird. Handelt es sich darum, für das Judenthum den
vollen Mitgenuss aller nationalen Culturgüter (auch über
die gesetzliche Gleichberechtigung hinaus) in Anspruch
zu nehmen, so wird über die ethnologischen und religiösen Differenzen der Schleier gedeckt und behauptet,

dass die Juden ebenso gute deutsche Patrioten seien
wie irgend ein Christ; wird aber an das Judenthum der
Anspruch gestellt, dass es dann auch die vollen Consequenzen seiner nationalen Zugehörigkeit ziehen, d. h.
sich ganz und uneingeschränkt der Mitarbeit an dem
nationalen Culturleben hingeben solle, dann wird die
andre Seite hervorgekehrt, jenes ethnologisch religiöse
Stammesbewusstsein, welches dem auserwählten Volk
Gottes alle Gojim wie Menschen zweiter Classe gegen-
überstellt. Unbillig ist es, im Namen einer abstrakten
Gerechtigkeit die bedingungslose Gleichstellung unge-
betener fremder Gäste ohne entsprechende Gegenleistung
von einem Volke zu verlangen; noch unbilliger ist es,
einem Volke anzusinnen, dass es das überhebende Bewusstsein dieser Gäste, etwas Höheres und Besseres zu
sein als es selbst, im Namen der religiösen Toleranz
respektiren und sich gefallen lassen solle; am aller un-
billigsten und illoyalsten aber ist das Schaukelspiel mit
der abwechselnden Hervorkehrung der einander aus-
schliessenden Behauptungen der vollen Zugehörigkeit
zur Nationalität des Wirthsvolkes und der providentiellen
Erhabenheit über dasselbe. Wo die Vertheidiger einer
Sache zu solchen dialektischen Mitteln der Discussion
greifen, ist das immer ein Zeichen, dass etwas faul ist
in der Sache, die vertheidigt werden soll.

Die Juden müssen ja wissen, was ihnen werthvoller
ist, die Bewahrung ihrer historischen Eigenthümlichkeit
und der Stolz auf die durch dieselbe verbürgte Ueber-

legenheit über die übrige Menschheit, oder der Friedens-
schluss mit den Wirthsvölkern durch Eingehen in deren
Nationalgefühl. Halten sie an der Ueberhebung, „das
auserwählte Volk" zu sein, fest, so dürfen sie sich weder
wundern noch beklagen, wenn dieselbe von den Wirthsvölkern mit einer entschiedenen Depression beantwortet
wird, da sie für diese verletzend ist. Wollen sie dagegen
im vollsten Sinne des Wortes Deutsche, Franzosen, Engländer u. s. w. werden, so müssen sie auch die Selbstüberhebung fahren lassen, das auserwählte Volk zu sein,
welches zur geistigen Führung und materiellen Beherrschung der übrigen Völker berufen ist, so tritt die
nationale Geschichte des Wirthsvolkes an Stelle der
jüdischen, ohne dass deshalb die Pflege der älteren
jüdischen Geschichte, die ja auch in christlichen Völkern
nicht vernachlässigt wird, ganz aufzuhören braucht. So
lange aber die Wortführer des Judenthums sich gegen
den Verzicht auf das allgemeine jüdische Solidaritätsgefühl und dessen Selbstüberhebung als gegen eine un-
erfüllbare Zumuthung sträuben, so lange geben sie dem
Misstrauen der Völker Nahrung, dass alle angebliche
Theilnahme an ihrem Nationalgefühl nur eine be-
rechnete Heuchelei sei, aus der seiner Zeit das un-
geschwächte jüdische Herrschaftsgelüst hervorbrechen
werde.

Man kann ja zugeben, dass es sehr schwer für die
Vertreter der jüdischen Religion ist, auf die Stärkung
des jüdischen Stammesbewusstseins als des höchsten

Gutes der Judenheit zu verzichten, und doch müssen sie
sich klar machen, dass alles, was sie zur Erhaltung und
Kräftigung dieses Stammesgefühls thun, in den Herzen
ihrer Pflegebefohlenen den Raum mit Beschlag belegt,
welcher für das Einziehen des Nationalgefühls verfügbar
ist, dass sie in Folge dessen mit ihrer Thätigkeit die
Verschmelzung zwischen den Juden und ihren Wirthsvölkern nach Kräften hindern und verlangsamen, und
dem Misstrauen der letzteren einen immer neuen Legi-
timationsschein ausstellen. Wären diese Wortführer
massgebend, so müsste man in der That die Hoffnung
auf Assimilation der jüdischen Bestandtheile der Nation
aufgeben, dann aber auch die Emancipation derselben
und die ganze bezügliche neuere Gesetzgebung für einen
principiellen Missgriff erklären. Nur dann kann man an
der Hoffnung auf einen friedlichen Ausgleich festhalten,
wenn man überzeugt ist, dass der ideale Zug der Geschichte stärker ist als alle Anstrengungen zur Aufrechterhaltung des überlebten Alten und über deren ohn-
mächtige Proteste zur Tagesordnung übergeht.

Nur wenn man von dem Glauben durchdrungen
ist, dass zu demselben Zeitpunkt, wo es den Juden gelungen sein wird, sich in den Ländern ihrer dichtesten
Verbreitung (d. h. dem Gebiet der Westslaven, Magyaren
und Rumänen) zu einer herrschenden Aristokratie auf-
zuschwingen, auch die völlige Ueberwindung des
Stammesgefühls durch die vielen Nationalgefühle eine
unumstösslich vollzogene Thatsache sein wird, nur dann

kann man hoffen, dass der jüdische Weltherrschaftstraum
niemals in die Lage kommen werde, seine Verwirklichung
ernsthaft zu versuchen. Wäre das Gegentheil zu beweisen, so müsste allerdings jeder national gesinnte
Bürger eines Staates mit namhaften jüdischen Bestandtheilen eo ipso Antisemit sein; die Wortführer des Judenthums zwingen also alle diejenigen zum Antisemitismus,
welche ihr Streben und Wirken für ernst nehmen, und
lassen nur denen die Möglichkeit, Vorkämpfer der Versöhnung und des Friedens zu bleiben, welche ihre Worte
für Wind achten, d. h. denselben nicht die Kraft zu-
schreiben, den Verschmelzungsprocess zu verhindern,
höchstens diejenige, ihn zu verlangsamen. Sie sollten
aber bei der Beurtheilung des principiellen Antisemitismus nicht vergessen, dass sie doch eigentlich kaum im
Stande sind, von der letzteren Voraussetzung auszu-
gehen, wenn sie nicht aufhören wollen, sich selber ernsthaft zu nehmen.

Derjenige Theil, dem durch die Verlangsamung des
Verschmelzungsprocesses der meiste Schaden zugefügt
wird, ist immer nur das Judenthum selber; denn je länger
das deutsche Volk auf die Einlösung des noch unge-
tilgten Schuldrestes warten muss, desto ungestümer
fordert die Volksungeduld die Ausgleichung des Contos,
desto unfreundlicher muss seine Stimmung gegen den
säumigen Schuldner werden, und desto weniger wird
es geneigt sein, ihm diejenige vom Judenthum so sehn-
lich gewünschte Gleichstellung zu gewähren, welche

nicht vom Gesetz erzwungen, sondern nur vom guten Willen der Mitbürger gewährt werden kann. So zeigt sich, dass die Wortführer des Judenthums, welche dessen Stammesgefühl und mit ihm seine Selbstüberhebung nähren, die schlimmsten Feinde der Juden sind, schlimmere als die Antisemiten, welche mit der Ueberhebung des Judenthums und seinem Aufgehen in die Nationalitäten schwinden würden, dass aber diejenigen seine besten Freunde sind, welche ihm das Selbstbewusstsein seiner eximirten Stellung und Bedeutung zu erschüttern und zu rauben bemüht sind. Wollen die Wortführer des Judenthums ihren Stammesgenossen wahrhaft nützen, so müssen sie diese Auffassung zu der ihrigen machen, also das restlose Aufgehen der Juden in die Nationalitäten und den uneingeschränkten Ersatz des Stammesgefühls durch das Nationalgefühl predigen. Sind sie aber dazu allzu conservativ, und wird ihnen der Bruch mit den vor der Emancipation zeitgemäss gewesenen Traditionen allzuschwer, um an dem Umschwung aktiv mit Hand anzulegen, so sollen sie sich wenigstens so weit überwinden, dass sie darauf Verzicht leisten, für die längere Conservirung des Alten ihre Kraft einzusetzen, und sollen denjenigen geschichtlichen Faktoren, welche diesen Umschwung ganz von selbst bewirken, freien Spielraum lassen.

Sollten aber welche unter ihnen sein, die im Ernste glauben, das täuschende Schaukelspiel so lange durchführen zu können, bis die Zeit reif ist, die Maske

abzuwerfen und die Herrschaft des Judenthums als
solchen über die Völker zu inauguriren, so sollte doch
der Gedanke sie zurückschrecken, dass kein Volk von
einigem Selbstgefühl solche Fremdherrschaft dulden
wird, ohne seine letzte Kraft zur Abschüttelung des
Joches aufzubieten, dass in solchem Falle der Antisemitismus zu einer allgemeinen Sturmfluth anschwellen
und die winzige jüdische Minderheit mit elementarer
Gewalt hinwegfegen würde, dass selbst, wenn der Adel
aufgehört hätte zu existiren, und wenn, wie kaum glaub-
lich, das jüdische Bündniss mit dem Liberalismus diese Probe
überdauern sollte, doch die Socialdemokratie dann eben
durch diese Zustände zu einer Macht anwachsen würde,
welche allein fast die gesammte Volkskraft in sich ver-
einen und sicherlich sehr wenig Respekt vor „erworbenen Rechten" beweisen würde. Es ist schon dafür
gesorgt, dass die Bäume nicht in den Himmel wachsen,
— das mögen die Antisemiten als Trost und die Wortführer des Judenthums als Warnung beherzigen; wenn
die letzteren ihren Stamm nicht immer neuen Katastrophen, gleich demjenigen der Vergangenheit aus-
setzen wollen, so mögen sie bedenken, dass die Ver-
tauschung einer rechtlosen und kümmerlichen Paria-
Existenz der Juden mit ihrem Eintritt in die höheren
Volksclassen für die Völker nur dann erträglich ist,
wenn das Solidaritätsbewusstsein und die Ueberhebung
des Stammesgefühls dafür preisgegeben wird, dass dieselbe
aber für die Juden eine neue Phase der Stammesgeschichte

darstellt, welche dasjenige überflüssig macht, was in der Zeit der Unterdrückung sich als Hort der Daseinsfristung bewährt hat.

5. Zurücksetzung im Staat.

Der Haupteinwand, welcher gegen den Verzicht auf das Stammesgefühl erhoben wird, besteht darin, dass die Gleichstellung der Juden mit den nichtjüdischen Bürgern noch keine vollständige sei; es wird also die unvollständige Gegenleistung durch die Unvollständigkeit der Leistung entschuldigt. Man könnte alles Markten um ein Mehr oder Weniger von Leistung und Gegenleistung bei Seite lassen, wenn nur das ausdrückliche Zugeständniss und die unumwundene Anerkennung des Princips zu erreichen wäre, dass die volle Leistung auch die volle Gegenleistung bedinge, und dass die volle Gegenleistung für die volle Gleichstellung der rückhaltlose Verzicht auf das Stammesgefühl zu Gunsten des Nationalgefühls sei; denn die volle Gleichstellung ist in der That ja nur eine Frage der Zeit, und zwar einer so kurzen Zeit, dass sie für geschichtliche Perspektiven gar nicht in Betracht kommt. Aber weil diese principielle Anerkennung bis jetzt von den Wortführern des Judenthums entweder als unbillig perhorrescirt, oder stillschweigend verweigert, oder doch in zweideutiger Fassung gegeben wird, erweckt die Gewährung derselben durch die gebildeten Juden im Einzelnen kein

5

rechtes Vertrauen in die Willigkeit des Judenthums als
Ganzen zum Aufgehen in die Nationalitäten, und deshalb ist auch jener Einwand als blosser bequemer Vorwand zum Aufschub zu betrachten. Hätten die Juden
bereits die volle Gleichstellung, so würden sie um einen
andern anständigen Vorwand verlegen sein, aber darum
nicht minder versuchen, sich aus Conservativität der
Gegenleistung so lange zu entziehen, bis diese conservativ jüdische Gesinnung selbst durch die neuen Lebens-
einflüsse gebrochen sein würde.

Obwohl nun aber der Einwand sich aus principi-
ellem Gesichtspunkt als blossen Vorwand charakterisirt,
so scheint es doch rathsam, ihm näher zu treten, um
ihm auch die Scheinbarkeit zu benehmen, welche ihm
dazu verholfen hat, als Vorwand gemissbraucht zu werden. Da ist denn zweierlei zu bemerken. Erstens,
wenn es auch wahr wäre, dass das Judenthum noch
nicht die volle Leistung erhalten hätte, so würde doch
der Einwand contractus non rite completi ihm immer
nur in dem Masse zu statten kommen können, dass
die Unvollständigkeit der Gegenleistung der Unvollständigkeit der erhaltenen Leistung proportional bleibt,
aber nicht darüber hinaus; thatsächlich aber ist die
Ueberwindung des Stammesgefühls durch das Nationalgefühl bei der deutschen Judenschaft im Durschschnitt
noch in den Anfängen stecken geblieben und nicht
einmal bis zum Gleichgewicht beider gelangt, während
doch kein Jude behaupten wird, dass dem Judenthum

noch mehr als gewisse Reste der zu erwartenden Gleichstellung fehlen. Wenn es wahr wäre, dass beide Theile mit ihren Leistungen im Rückstande sind, so wären es doch jedenfalls die Juden in weit höherem Masse, so dass jedenfalls an ihnen, und nicht an dem andern Theile zuvörderst die Reihe wäre, den nächsten Schritt zu thun. Zweitens aber ist es gar nicht wahr, dass die Juden eine unvollständige Leistung erhalten haben; denn die Leistung der Emancipation besteht ihrem Begriff nach nicht in der sofortigen Herstellung voller Gleichheit, was einfach unmöglich wäre, sondern in der Beseitigung aller Ungleichheit vor dem Gesetz, womit die Bahn zur Gewinnung der vollen thatsächlichen Gleichstellung eröffnet ist.

Kein Gesetz kann den Staatsbürgern Vorschriften machen über die Wahl ihrer Gatten oder Freunde, und kein Gesetz kann bei einer gesetzlich freien Wahl den auswählenden Privatmann oder die auswählende Behörde zwingen, Verschiedenheiten der Qualitäten unter den Bewerbern als nicht vorhanden zu betrachten, welche thatsächlich vorhanden sind und welche auf die Qualification bei der Bewerbung von Einfluss sind. So lange eine religiöse Verschiedenheit besteht, ist es unmöglich, dieselbe zu ignoriren bei der Besetzung solcher Stellungen, welche direct oder indirect in's confessionell-religiöse Leben eingreifen, und so lange das Nationalgefühl des jüdischen Bürgers den für Gemeinsinn in seinem Herzen verfügbaren Raum mit dem jüdischen Stammesgefühl theilen

5*

oder gar sich demselben unterordnen muss, so lange ist es unmöglich, den Juden Vertrauensstellungen im nationalen Leben einzuräumen, für welche die concurrenzlose Herrschaft des Nationalgefühls im Herzen des Bewerbers unerlässliche Bedingung ist. In keinem Lande der Welt sind die Staatsbehörden in ihrer Auswahl unter den Bewerbern für den Civil- und Militär-Dienst an etwas andres als an Normativbestimmungen gebunden, welche gewisse Bewerber ausschliessen, aber nirgends werden sie durch Gesetz verhindert, Bewerber auszuschliessen, welche zwar den Normativbestimmungen entsprechen, aber ihnen persönlich nicht qualificirt scheinen. Es ist nicht abzusehen, wie die Vertreter des Judenthums einen gesetzlichen Zwang zur Berücksichtigung jüdischer Bewerber für Officiers- oder Civilverwaltungs-Stellen möglich machen zu können glauben, so lange der oberste Kriegsherr, die cooptirenden Officiercorps und die Inhaber der höheren Regierungsstellungen darin einverstanden sind, die den gesetzlichen Normativbestimmungen entsprechenden jüdischen Bewerber für so lange nicht als geeignete und hinlänglich vertrauenswürdige Persönlichkeiten zu betrachten, als sie nicht durch formelle Lossagung vom Judenthum der Präsumtion Raum gegeben haben, dass sie auch innerlich mit dem jüdischen Stammesgefühl gebrochen haben.

Wollte man z. B. ein Gesetz geben, dass eine der Procentzahl der jüdischen Bevölkerung entsprechende Zahl von Juden im Militär- und Civildienst angestellt werden müssten, so müsste vorher das Ernennungsrecht des Landesfürsten und das Cooptationsrecht der Officier-corps abgeschafft werden, und Beamte mit der Er-nennung betraut werden, von denen man erwarten könnte, dass sie auch persönlich unqualificirte Candidaten ihrer Ueberzeugung zuwider ernennen würden, um dem Gesetze genugzuthun. Ausserdem aber würde eine solche den Staatsdienst desorganisirende gesetzliche Massregel den Juden doch nur eine principielle Genug-thuung gewähren und ihnen praktisch mehr schaden als nützen, da selbstverständlich die Gleichheit vor dem Gesetz gebieten würde, in solchem Falle auch den nicht-jüdischen Bürgern eine im Procentsatz entsprechende Zahl von Stellen zu sichern, und da die Durchführung dieses Grundsatzes im Staatsdienst unweigerlich die Durchführung desselben in der Communalverwaltung nach sich ziehen, d. h. die Juden aus der bereits er-rungenen Herrschaft in der Verwaltung vieler Städte wieder verdrängen würde. Ganz ähnlich würde die Forderung der Juden, eine ihrem Procentsatz ent-sprechende Zahl von Richter-, Staatsanwalts-, Lehrer-und Professoren-Stellen überantwortet zu erhalten, billiger Weise mit der Gegenforderung beantwortet werden, dass auch das zulässige Maximum jüdischer Aerzte, Journalisten, vereidigter Makler u. s. w. auf die ihrem Procentsatz entsprechende Ziffer herabge-setzt werde. Thatsächlich ist aber das Uebergewicht der Juden in den ihnen bereits eröffneten höheren Be-

rufsarten weit grösser, als ihr Manko in den ihnen noch
verschlossenen.

Zu missbilligen ist an den gegenwärtigen Zuständen
nur zweierlei: erstens, dass von dem Juden ausser dem
formellen Austritt aus dem Judenthum auch noch der
Eintritt in's Christenthum verlangt wird, während doch
die persönliche Wahrheitsliebe und Vertrauenswürdig-
keit durch die Ablegung des erforderlichen Bekennt-
nisses allemal in ein bedenkliches Licht gerückt wird,
und zweitens, dass es unter dem Druck einer irre ge-
leiteten öffentlichen Meinung den Staatsbehörden an
Muth fehlt, die Ausschliessung jüdischer Bewerber von
den ein uneingeschränktes Nationalgefühl erfordernden
Stellungen (z. B. derjenigen des Reserveofficiers), offen und
ehrlich zu proclamiren und zu handhaben, anstatt dass
man jetzt die jüdischen Bewerber entweder gesetzwidrig
von den betreffenden Prüfungen ausschliesst, oder aber,
wenn man sie doch zulässt, hier, wie manchmal auch
anderwärts, den breiten Spielraum der Examinations-
Willkür dazu missbraucht, um der Ablehnung des Bewerbers ein Mäntelchen umzuhängen. Durch den ersteren
Missgriff verschlägt man sich einen Theil der besten
Kräfte, die recht eigentlich berufen gewesen wären, das
nationale Einigungswerk zu fördern, und stösst sie zum
Theil sogar auf das Judenthum, von dem sie sich abzulösen wünschten, zurück; durch den zweiten Missgriff
sät man Kränkung und Erbitterung über eine entweder
gesetzwidrige oder ungerechte Zurücksetzung, wo grade

Offenheit des Verfahrens nur bedauernde Resignation
hätte zur Folge haben hönnen, und beraubt sich speciell
bei den jüdischen einjährig Freiwilligen des besten Er-
ziehungsmittels zum Nationalgefühl.*) Indessen ist der
erste der beiden Punkte irrelevant für diejenigen Vertreter des Judenthums, welche den Austritt aus dem
Judenthum auch ohne den Eintritt in's Christenthum
perhorresciren, und der zweite ist rein formeller Natur,
so dass seine Abstellung nur grössere Klarheit schaffen,
aber in der Sache selbst nichts ändern würde.

Die Juden berufen sich darauf, dass in andern
Ländern, z. B. in Frankreich, die Zugehörigkeit zum
Judenthum kein Hinderniss zum Eintritt in den Civil-
und Militärdienst sei, und behaupten, dass die dort zulässige Gleichstellung auch bei uns möglich und zu
fordern sei. Sie übersehen aber dabei den Unterschied
beider Länder. Frankreich ist ein altes Culturland, in
dem alle Culturprocesse weiter vorgeschritten sind als
bei uns, in dem insbesondere die Judenemancipation
um ein reichliches Menschenalter länger ihre Wirkungen
hat entfalten können; es ist ausserdem seit Jahrhun-

---

*) So bald man die Ernennung zum Reserveofficier von derjenigen
zum Vicefeldwebel so vollständig ablöst, dass ein jüdischer Vicefeldwebel,
selbst dann, wenn er ein Officierscorps gefunden hat, das bereit ist, ihn in
seine Mitte aufzunehmen, nicht zum Reserveofficier ernannt zu werden
braucht, kann man die Beförderung der Juden im Frieden ausschliessen,
ohne dass man ihrem Ehrgeiz die Genugthuung versagt, die Qualification
zu dieser Charge erlangt und bei den Reserveübungen Officiersdienste geleistet zu haben.

derten ein Einheitsstaat und hat darum ein so ausge-
prägtes Nationalgefühl, dass selbst der ultramontane
Clerus an demselben Theil nimmt, und endlich bildet
seine Judenschaft einen viel kleineren Procentsatz als bei
uns und hat darum geringere Widerstandskraft gegen die
Aufsaugungskraft des nationalen Lebens. Aus allen diesen
Gründen befindet sich dort erstens die Ueberwindung
des jüdischen Stammesgefühls durch das Nationalgefühl
in einem viel weiter vorgerücktem Stadium, und wäre
zweitens bei dem geringen Procentsatz von Juden die
Gefahr für das nationale Interesse verschwindend klein,
wenn doch noch einzelne Juden von überwiegendem
Stammesgefühl in Staatsämter gelangten. Wir Deutsche
müssen bei dem viel höheren Procentsatz an Juden erst
die vollkommene Sicherheit haben, dass die Judenschaft
ihr Stammesgefühl in praktisch ausreichendem Masse
hinter das Nationalgefühl zurückgestellt hat, bevor wir
für die Aufnahme der Juden in Staatsämter die Bedingung fallen lassen können, dass die Bewerber sich
durch formelle Lossagung vom Judenthum von dem
Verdacht des Festhaltens am Stammesgefühl persönlich
gereinigt haben. Nach dem oben Gesagten zweifle ich
nicht daran, dass auch bei uns die Zeit kommen wird,
wo man von dieser Bedingung wird absehen können;
aber wir werden dies erst dann thun dürfen, wenn die
massgebenden Vertreter der jüdischen Religion aufgehört haben werden, den Cultus des Stammesgefühls als
integrirenden Bestandtheil der jüdischen Religion anzu-

schen und zu pflegen, und zwar in einer Weise, welche
in die Ehrlichkeit dieses Umschwungs ihrer Ansichten
das nöthige Vertrauen erweckt.

Wollte man unter den heutigen Verhältnissen den
Juden die Staatsverwaltung eröffnen, so könnten sie
leicht in derselben ein ähnliches Uebergewicht erlangen,
wie sie es in der Communalverwaltung verschiedener
grossen Städte schon erlangt haben, und diese der Beherrschung des politischen Lebens so günstige Situation
müsste fast unvermeidlich zu einem unwiderstehlichen
Reizmittel für die Befestigung und Verstärkung des
Weltherrschaftstraumes, d. h. zu einem Hemmniss der
Verschmelzung und zu einer in Katastrophen führen-
den Stromschnelle werden. Es liegt deshalb im aller-
eigensten Interesse des Judenthums, dass ihm diese Versuchung so lange erspart bleibt, bis das Stammesgefühl
vom Nationalgefühl hinlänglich überwunden ist, um
solche Versuchung siegreich bestehen zu können; in
ähnlicher Weise liegt es ganz allgemein gesprochen im
eigensten Interesse des Judenthums, dass alle sonst noch
bestehenden „Zurücksetzungen" recht langsam schwinden,
viel langsamer als seit Beginn der Emancipation. Denn
das Judenthum braucht Zeit, um sich aus der Stellung,
die es vor der Emancipation einnahm, zu erziehen und
zu einem Grade der inneren und äusseren Haltung
durchzuarbeiten, welcher es zum Eintritt in neue Berufsarten geeignet macht. Jeder besonnene Jude wird einräumen, dass beispielsweise die Erfahrungen, welche

man mit der Eröffnung der Justizcarriere gemacht hat, so wenig schmeichelhaft für das Judenthum sind wie möglich, und dass das Ansehen desselben beim deutschen Volke nur hätte gewinnen können, wenn dem Judenthum diese Probe auf seine inzwischen erreichte Erziehungsstufe noch um ein Menschenalter hinausgeschoben worden wäre. Aehnliche Erfahrungen dürften dem Judenthum kaum erspart bleiben, wenn ihm schon jetzt das höhere Lehramt oder auch nur der Reserveofficierstand in weiterem Umfang plötzlich eröffnet würden.

Das eifrige Drängen der Wortführer des Judenthums nach sofortiger Eröffnung aller dieser Berufe muss in dem unbefangenen Beobachter den Verdacht wecken, dass es ihnen nicht sowohl um die Ehre, das Ansehen und das wahre Wohl des Judenthums, als vielmehr um eine Machtsteigerung desselben für den weiteren Kampf um die Herrschaft zu thun ist. Selbst in den jetzt schon eröffneten Berufsarten sollten die besonnenen Juden darin einverstanden sein, auf eine Erhöhung und nicht etwa auf eine Verminderung der discretionären Befugnisse der Behörden hinzuarbeiten, damit solche jüdische Bewerber ausgeschlossen werden können, welche zwar den gesetzlichen Anforderungen genügen, aber so sehr der Familienbildung ermangeln, dass sie in der Ausübung ihres Berufes das Judenthum in den Augen des Volkes discreditiren und dadurch zur Erweiterung des Risses anstatt zur Heilung desselben beitragen. Wenn nicht die abstrakte Schablone des Liberalismus überall

auf Ersatz der discretionären Gewalt durch gesetzliche
Normen ausginge und durch den Druck einer irre ge-
leiteten öffentlichen Meinung diese fehlerhafte Scheu
vor der Ausübung discretionärer Befugnisse selbst
unseren Behörden eingeimpft hätte, so würde es weit
eher angehen, den Juden neue Berufsarten zu erschliessen,
weil man dann eine spärliche und vorsichtige Auswahl
treffen könnte; so lange aber das Judenthum mit dem
Liberalismus im Bunde, auf die angeblichen Forderungen
einer abstrakten Gerechtigkeit pochend, solche Ab-
schlagszahlungen verschmäht und gleich die Positionen
im Ganzen mit Sturm nehmen will, so lange wird es
sich in Geduld fassen und auf die Zeit warten müssen,
wo es zu solchen Zugeständnissen reif geworden ist.

6. Zurücksetzung in der Gesellschaft.

Ebenso wie die Wortführer des Judenthums die
Gleichheit vor dem Gesetz und die administrative Gleichstellung bei der Stellenbesetzung durcheinanderwerfen,
um sich als die „ungerecht" Zurückgesetzten und Unter-
drückten hinzustellen, ebenso vermengen sie absichtlich
die Stellung im Staatsleben und im Gesellschaftsleben,
um die noch nicht errungene Gleichstellung in der Gesellschaft der deutschen Nation als solchen als eine unverdiente und deshalb kränkende Zurücksetzung auf das
Kerbholz zu setzen. Bei unbefangener und billiger Er-
wägung müssten sie jedoch einsehen, dass hier wie dort

die Gründe der noch bestehenden Ungleichheit auf ihrer
Seite liegen, nämlich einerseits die Concurrenz des
Stammesgefühls mit dem Nationalgefühl, andrerseits die
noch unvollendete Erziehung zur Gesellschaftsfähigkeit
sogar in dem grösseren Theil der financiellen und in-
tellectuellen Elite des Judenthums. Von diesen Gründen
steht der eine im Vordergrund auf dem staatlichen, der
andre auf dem gesellschaftlichen Gebiete; aber jeder
greift auch in das andere Gebiet hinüber, so dass sie sich
in ihrem Zusammentreffen verschärfen. Man würde sich
über die nationalen Bedenken des fortbestehenden jüdischen Stammesgefühls in jüdischen Richtern, Universitäts-
professoren, Gymnasiallehrern, Communalbeamten u. s. w.
eher hinwegsetzen, wenn nicht die eigenthümlichen, den
Juden anhaftenden Formen und Aeusserlichkeiten durch
den unwillkürlichen Anstoss, den sie dem anders Ge-
wöhnten geben, fortwährend an die ethnologische und
religiöse Differenz erinnerten, die zu vergessen man sich
bemühte, und man würde sich über manche störende
Mängel an Familienerziehung und Gesinnungsvornehm-
heit gern grossmüthig hinwegsetzen, wenn nicht zugleich
der jüdische Typus daran erinnerte, dass diese Mängel
einem sich durch sein Stammesgefühl von der Nation
absondernden Träger angehören. Nicht der Staat oder
die Gesetzgebung kann die nichtjüdischen Deutschen zur
Liebe zu ihren jüdischen Mitbürgern zwingen, sondern
nur diese selbst können es, indem sie die Ursachen der
mangelnden Neigung als in ihnen selbst liegende er-

kennen, anstatt sie abzuleugnen, indem sie aufhören, ungerechte Vorwürfe wegen unverdienter Zurücksetzung
gegen ihre nichtjüdischen Landsleute zu schleudern,
welche deren Abneigung nur steigern können, und indem sie der Abstellung dieser Ursachen durch die Einflüsse der Zeit entgegenzuarbeiten aufhören und statt
dessen thatkräftig selbst Hand anlegen an ihre Erziehung.

Die Mängel, welche den heutigen Juden im Durch-
schnitt anhaften und ihnen ihre gesellschaftliche Stellung
erschweren, stammen aus drei Quellen, die ihre Wirkungen
durch eine lange Reihe von Generationen aufgehäuft
haben, erstens aus der Unfreiheit, Rechtlosigkeit und
Unterdrückung, zweitens aus der Niedrigkeit, Dürftigkeit
und Ehrlosigkeit der früheren socialen Stellung und
drittens aus der Einseitigkeit der bisherigen Berufsthätigkeit.

Das Judenthum als Ganzes ist noch heute in der
Lage des Sklaven, dem man die Ketten gelöst hat; es
zeugt für seine innere sittliche Tüchtigkeit, dass in dieser
Lage seine Fehler ein immerhin eng begrenztes Mass
nicht überschreiten. Welche Rasse oder Nationalität
auch in ähnlicher Lage sich befinden möge, wie die
Juden vor der Emancipation, so wird sie ähnliche Eigenschaften wie diese erwerben, um sich ihren Lebensbe-
dingungen anzupassen; dies zeigt nicht nur das Beispiel
der Armenier in der Türkei, sondern noch schlagender
dasjenige der romanischen Christen in Tunis und Tripolis.

Wo Offenheit, Trotz auf sein Recht und Mannesmuth
nutzlos zum sichern Untergange führen, da wird nothwendig Hinterhaltigkeit, Verschlagenheit, List, demüthig
kriechende Unterwürfigkeit, Missachtung des fremden
Rechts und Feigheit gezüchtet; kommt ein derartiges
Individuum dann ausnahmsweise in die Lage, dem
Gegner überlegen zu sein, so fehlt ihm die Bescheidenheit und Selbstbeschränkung des in sich gefestigten und
gesättigten Rechtsbewusstseins, und er hält sich durch
frechen Uebermuth und muthwillige Depression des
Gegners für so viele erlittene Demüthigungen schadlos.
Wo einer bestimmten socialen Schicht von den übrigen
ein entsprechender Antheil bei der ständischen Vertheilung der nationalen Gesammtehre verweigert wird,
da wird an Stelle des berechtigten aber auch massvoll
beschränkten Standesstolzes ein Pariagefühl gezüchtet,
das sich in einem haltlosen Schwanken zwischen zwei
Extremen bekundet, nämlich zwischen einer antisocialen
gänzlichen Verachtung der nationalen Anerkennung
einerseits und einer eitlen Ueberschätzung und einer
würdelosen Gier nach dieser Anerkennung andrerseits,
zwischen cynischer Missachtung der nichtjüdischen öffentlichen Meinung und krankhafter Eitelkeit.

Unter einem gewissen Niveau des Wohlstands in
der Familie lassen sich feinere Lebensformen nicht einmal dauernd behaupten, geschweige denn neu gewinnen;
das Judenthum als Ganzes hat durch Jahrtausende in
einer erschreckenden Dürftigkeit sein Dasein gefristet,

und ist in den östlichen Ländern zum Theil noch heute nicht über diese Stufe hinausgelangt. Wie kann man sich da wundern, dass die Unreinlichkeit und andere Fehler der drückenden Armuth ihm durch die Jahrtausende zu eigen geworden, und noch heute der Masse desselben anhaften?

Endlich ist zu beachten, dass wie jeder Stand und Beruf seine besondere, noch viel zu wenig studirte Standes- und Berufsmoral hat, so auch der geschäftliche oder commerzielle Beruf die seinige, deren Uebertragung in andere Stände und Berufsarten zu Unzuträglichkeiten und Dissonanzen führen muss. Die Einseitigkeiten der verschiedenen Arten von Berufsmoral gleichen sich unter einander in ihrem Ergebniss für den Volkscharakter aus, wenn in derselben Familie sowohl gleichzeitig als auch nacheinander in den verschiedenen Generationen verschiedene Berufe vertreten sind, und der gesellige Verkehr der verschiedenen Berufsarten deren Eigenheiten gegen einander abschleift; wenn aber ein Stamm durch den Zwang der Verhältnisse auf eine einzige Berufsart angewiesen ist und mit Vetretern anderer Berufsarten nicht einmal in geselligem Verkehr steht, so müssen sich nothwendig die natürlichen Einseitigkeiten der betreffenden Berufsmoral in sich verschärfen und verhärten und den Stammescharakter je länger je mehr in der Richtung dieser Einseitigkeit modificiren.

Die Geschäftsmoral gestattet jede Uebervortheilung

des Kunden wie des Concurrenten, soweit sie vor dem
Gesetz und der Usance als erlaubt gilt; ja sie fordert
sogar die Ausnutzung jeder sich darbietenden Gewinnchance innerhalb dieser Grenzen und brandmarkt denjenigen als einen schlechten, lässigen, säumigen Geschäftsmann, der sich durch Gewissensbedenken nicht
kaufmännischen Ursprungs von der Ausnutzung der
Gewinnchance abhalten lässt (z. B. durch den Scrupel,
dass sein Gewinn den Verlust eines Dritten einschliesst,
der den Verlust viel schmerzlicher empfindet, als er
selbst den Gewinn angenehm empfindet). Auch der
Ehrbegriff wird durch die Berufsmoral beeinflusst und
wie der Ehrbegriff der Adelsmoral im point d'honneur,
der Gelehrtenmoral in der Wahrhaftigkeit, der Künstler-
moral im Volksbeifall, der Advokatenmoral im Durch-
bringen des Clienten u. s. w. zu suchen ist, so gipfelt
der Ehrbegriff der Geschäftsmoral im Gelde, nämlich in
der Bereithaltung desselben zur Erfüllung der über-
nommenen Zahlungsverpflichtungen und in der Verfügung über ein möglichst grosses Capital zur Betreibung
eines möglichst umfangreichen Geschäfts. Hat nun eine
solche einseitige Berufsmoral sich in der dargelegten
Art verhärtet und den ganzen Stammescharakter nach
sich gemodelt, so wird sie nothwendig in unberechtigter
Weise übergreifen, insoweit nicht das Solidaritätsgefühl
des Stammes mildernd dazwischentritt, also insbesondere
bei dem Verhalten zu Nichtjuden, und zwar erstens
übergreifen in das Gebiet der Privatmoral und zweitens

in dasjenige anderer Berufe. Der Dickens'sche Roman „Harte Zeiten" entrollt ein anschauliches Bild von der widerwärtigen Entstellung aller privaten und gemüthlichen Beziehungen, welche dabei herauskommt, wenn man den geschäftlichen Hauptgrundsätzen („Billig kaufen und theuer verkaufen") eine über das rein geschäftliche Gebiet hinübergreifende Geltung zuschreibt; aber während es sich daselbst nur um eine zeitweilige Verirrung des Verstandes handelt, trägt das Judenthum diesen Uebergriff in seinem geschichtlich erworbenen Charakter, und hat die Aufgabe, sich durch die ernste Arbeit von Generationen von diesem wie so manchem andern traurigen Erbtheil seiner traurigen Vergangenheit erst wieder mühsam zu befreien.

Das Judenthum hat in der kurzen Frist seit der Emancipation eine grössere Wandelung durchgemacht, als man zu hoffen berechtigt war, und man darf daran die berechtigte Erwartung knüpfen, dass diese Wandelung in einem immer schnelleren Tempo fortschreiten werde. Aber noch bleibt in dieser Richtung sehr viel zu thun, und die Arbeit dieser Selbsterziehung muss um so intensiver und energischer in Angriff genommen werden, als zwei Umstände dieselbe erschweren: die Auswanderung mehr oder minder cultivirter Juden nach Westen und die Einwanderung uncultivirter Juden von Osten, wodurch gerade Deutschland zu einer internationalen Bildungsanstalt für die zurückgebliebene östliche Judenschaft gemacht wird. Es wäre nicht nur im

6

Interesse der deutschen Nation, sondern auch noch mehr
in demjenigen der deutschen Judenschaft, wenn diesem
Nachschub von Osten Schwierigkeiten bereitet würden,
denn der „polnische Jude" hängt wie ein Bleigewicht
an den Rockschössen des deutschen Juden, verlangsamt
dessen Aufschwung und discreditirt das Judenthum im
Allgemeinen in den Augen des deutschen Volkes.

Noch immer fehlt es den meisten Juden an wahrem
Stolz und wahrer Bescheidenheit, an prunkloser Würde
und eitelkeitsfreier Selbstschätzung, noch immer sieht
man Selbstwegwerfung und Kriecherei gegen Höher-
gestellte mit missachtender Ueberhebung gegen Tiefer-
stehende, Speichelleckerei gegen den zu Ueberredenden
und Frechheit gegen den Geprellten sich paaren, noch
immer vermisst man jenes Ehrgefühl, welches andere
Berufsarten von etwa gleichem socialen Niveau bereits
besitzen, noch immer beherrscht das gewerbliche Spe-
culantenthum oder gar der Krämersinn einen grossen
Theil der Juden, die sich wissenschaftlichen und künstlerischen Berufsarten gewidmet haben, noch immer fehlt
auch der Mehrzahl der gebildeten Juden jenes har-
monische Gleichgewicht der Bildung des Verstandes
mit derjenigen des Gemüths, des Charakters, des Takts,
des Zartgefühls und der feinen Sitte, wie nur die Erziehung in guter Familie es zu geben vermag. Da
gerade das weibliche Geschlecht in viel höherem Grade
von der Familienerziehung abhängig ist als das männ-
liche, dem so viel andere Bildungsmittel (Schule, Uni-

versität, Heer, Beruf u. s. w.) zu Gebote stehen, so ist
es kein Wunder, dass die Rückständigkeit des weiblichen Geschlechts grösser ist als die des männlichen,
dass sich im Ganzen besser mit den Juden als mit den
Jüdinnen verkehren lässt, und dass es noch allzusehr
an jüdischen Müttern von einer solchen harmonischen
Bildung fehlt, die sie ihren Kindern mittheilen könnten.
Findet man doch selten genug eine harmonisch gebildete Persönlichkeit ausser in einer Familie, die schon
mindestens drei Generationen hindurch in Wohlstand
und Bildung gelebt hat; sollte es denn da bei den Juden
anders sein? Wie wenige jüdische Familien giebt es
aber bis jetzt, welche diese Bedingung erfüllen!

Die Wortführer des Judenthums fangen nachgerade
an, diese Mängel anzuerkennen; aber sie sind noch weit
entfernt davon, die nothwendigen Folgen derselben einzuräumen, nämlich erstens, dass diese Mängel allein ausreichen würden, um die gegen das Judenthum noch
bestehenden gesellschaftlichen Antipathien zu erklären
und den Vorwurf der Unverdientheit gegen dieselben
hinfällig zu machen, und zweitens, dass es Sache des
Judenthums ist, seine Klagen über unverdiente Zurücksetzung einzustellen und vor seiner eigenen Thüre zu
fegen, d. h. sich in ernstliche Selbstzucht zu nehmen
und dadurch den Umwandlungsprocess seines erworbenen Charakters und seiner zurückgebliebenen Sitten zu
beschleunigen, mit dessen Vollendung die gesellschaftliche Zurücksetzung von selbst aufhören wird. Die

Antisemiten aber mögen in Betracht ziehen, dass unter allen angebbaren Fehlern des Judenthums keiner ist, der nicht als historisches Product der Verhältnisse ausreichend erklärbar wäre, also keiner, den man für ein unabänderliches Zubehör des ethnologischen Typus erklären, und bei dem man deshalb auf die Hoffnung einer vollständigen Abstellung verzichten müsste. Was in dieser Richtung erreichbar ist, zeigen die Abkömmlinge solcher jüdischer Familien, die schon seit mehreren Generationen dem Centrum der Bildung angehören; und wenn selbst bei solchen Individuen im Zustande des Affects oder des sich gehen Lassens noch manchmal der „jüdische" Ton und die „jüdischen" Manieren wieder durchbrechen, so wächst doch von Generation zu Generation die Vollständigkeit der Ueberwindung. Dass gerade in solchen kleinen Aeusserlichkeiten die Ueberwindung des Ererbten so schwer ist, liegt wohl daran, dass hier wirklich auch ethnologische Eigenthümlichkeiten mit in Betracht kommen, z. B. eine orientalische Lebhaftigkeit des Temperaments in Gestikulation und Rede, welche beide die würdevolle Zurückhaltung erschweren und die Vorlautheit im geselligen Kreise wie die vordringliche Redesucht im Rathe der Männer begünstigen.

So wenig es im wahren Interesse der Juden liegt, alle höheren Berufsarten wie im Sturm zu erobern, ebensowenig, den Eintritt in die höhere Gesellschaft zu übereilen, bevor es die entsprechende gesellschaftliche

Bildungsreife gewonnen hat; andernfalls können empfind-
liche Rückschläge nicht ausbleiben, die in jeder Hinsicht
störend wirken. Nichts hat so sehr dazu beigetragen,
den antisemitischen Rückschlag der letzten Jahre zu
zeitigen, als die gesellschaftliche Taktlosigkeit und vordringliche Ueberhebung jüdischer Parvenus; dieser
Rückschlag hat einerseits freilich die günstige Wirkung
gehabt, den nothwendig gewordenen Dämpfer aufzu-
setzen, er hat aber andrerseits die üble Nebenwirkung
gehabt, die begonnene Mischung jüdischer und nichtjüdischer Elemente in der höheren Gesellschaft theilweise wieder rückgängig zu machen und den Riss
zwischen beiden zu erweitern. Wenn aber das Judenthum gesellschaftlich erzogen werden soll, so darf es
auch von der guten Gesellschaft nicht ausgeschlossen
werden, und im gemeinsamen nationalen Interesse ist
es sogar Pflicht, mit mangelhafter Erziehung bis zu
einem gewissen Grade Nachsicht zu üben, allerdings
nur bis zu dem Grade, wo eitle Ueberhebung auf der
andern Seite bemerkbar wird. Im Allgemeinen aber
ist daran festzuhalten, dass die Wahl der Freunde und
näheren Bekannten dem Gebiet der Freiheit des Indi-
viduums angehört, und dass keine Vorschrift befugt ist,
diese Freiheit zu beschränken; gegen diesen Grundsatz
verstossen aber ebensosehr die Wortführer des Judenthums, wenn sie den Abschluss gewisser gesellschaftlicher Kreise gegen Juden der Nation als eine Schuld
gegen das Judenthum buchen, wie die Antisemiten,

wenn sie es den Mitgliedern der höheren Gesellschaft
principiell zur Pflicht machen wollen, Juden aus ihrem
Kreise auszuschliessen. Es kommt bei dieser Frage
alles auf die Persönlichkeit und den allgemeinen Bil-
dungsgrad der betreffenden Juden an, und jeder Gast
ist verpflichtet, seinem Wirth soviel Vertrauen zu
schenken, dass er die jüdischen Mitgäste, die er bei
demselben vorfindet, als zur guten Gesellschaft gehörig
legitimirt betrachtet. Für die zurückgebliebenen Juden
aber kann nichts so sehr als Sporn des Vorwärtsstrebens
wirken, als wenn sie sehen, dass die Elitekreise der
deutschen Nation mit Freuden bereit sind, die Ueberwindung der Schwierigkeiten mit Erschliessung zur
vollen gesellschaftlichen Gleichstellung zu belohnen;
andrerseits kann nichts lähmender für den Bildungseifer
wirken, als wenn der Antisemitismus die Erreichung
des Gewinns doch auf alle Fälle verhindert.

Nachdem die Juden ihre Unfähigkeit zur Gründung
und Behauptung eines selbstständigen nationalen Staatswesens zur Genüge erwiesen und dann Jahrtausende
lang in der Zerstreuung das tiefste Elend der Land-
losigkeit und Staatslosigkeit gekostet haben, dürfen sie
jetzt, wo ihnen durch die Hochherzigkeit ihrer Wirthsvölker eine goldene Zukunft im Laufe weniger Generationen so zu sagen in den Schooss fällt, auch nicht
die Geduld zum Ueberstehen der verhältnissmässig so
viel geringeren Unannehmlichkeiten dieser kurzen Uebergangszeit verlieren, und müssen dessen eingedenk bleiben,

dass sie als ungebetene Gäste an dem Tisch unseres Landes und Staates sitzen, mit deren Eigenthümlichkeit und Rückständigkeit auch wir Geduld, recht viel Geduld haben müssen, bis es uns gelingen kann, die grossentheils jetzt noch Widerstrebenden zu wirklichen Mitgliedern der Nation zu erziehen. In gesellschaftlicher Hinsicht besteht diese Geduld besonders darin, dass der seiner Individualität nach zum Verkehr zusagende Jude doch nicht aus seinen Familien- und Freundschafts-beziehungen zu isoliren ist und man beim Verkehr mit ihm diese bis zu einem gewissen Grade mit in den Kauf zu nehmen hat, wobei man dann häufig auch weniger zusagende Elemente sich wird gefallen lassen müssen. Dasselbe ist ja bei allem Verkehr auch mit nichtjüdischen Individuen der Fall, nur dass der Anhang dieser frei ist von generellen Eigenthümlichkeiten, die erst durch individuelle Vorzüge überwogen werden müssen.

Die Nachsicht mit den den meisten Juden noch an-haftenden Mängeln ist gar nicht so schwer, so lange man es mit wenigen, d. h. mit einem geringen jüdischen Procentsatz in der Gesellschaft zu thun hat; aber sie wird ausserordentlich erschwert, wenn dieser Procentsatz eine beträchtliche Höhe erreicht, oder gar ein jüdisches Ueber-gewicht in der Gesellschaft eintritt. In meiner Knaben-zeit z. B. war das Verhältniss zwischen jüdischen und nichtjüdischen Classenkameraden durchaus freundschaft-lich und frei von Antipathie, weil die jüdischen Schüler eine verschwindende Minderzahl bildeten und schon da-

durch auf Bescheidenheit hingewiesen waren; jetzt, wo
in den höheren Berliner Schulen 30—60°/₀ Juden sitzen,
ist das Verhältniss viel schwieriger geworden. Die Juden
schaden sich in gesellschaftlicher und andrer Hinsicht weit
mehr, als sie denken, dadurch, dass sie sich in gewisse
grössere Städte und Verkehrsmittelpunkte zusammendrängen und dort allein durch ihre Häufigkeit die Racenantipathie wach erhalten, anstatt sich über das ganze
Land zu zerstreuen und überall in der Ueberzahl nichtjüdischer Bevölkerung in unauffälliger Weise zu leben.

Die Schwierigkeit des gesellschaftlichen Verkehrs
mit Juden wächst in noch weit höherem Grade in solchen
Städten und Gegenden, wo dieselben bereits zur Stellung
einer geschlossenen Aristokratie emporgestiegen sind
und die natürlichen Fehler des Parvenus mit dem gesteigerten Selbstbewusstsein jeder Aristokratie und der
noch nicht geschwundenen Ueberhebung des jüdischen
Stammesgefühls verknüpfen; hier können dann leicht
die ursprünglichen Antipathien gegen das Judenthum
durch den Widerwillen jedes Volkes gegen eine stammesfremde und glaubensfremde Aristokratie zu einem Grade
gesteigert werden, welcher selbst einem persönlich den
Juden wohlgesinnten Wirth es zeitweilig und stellenweise unmöglich machen kann, die von der öffentlichen
Meinung einer Zeit und eines Orts gestützte Stimmung
seiner Gäste unberücksichtigt zu lassen, wenn er sich
nicht ganz auf jüdischen Verkehr beschränken will. Eine
solche bedauerliche Strömung kann nur dadurch wieder

in ein normaleres Bett gelenkt werden, dass die Juden
ernstlich Hand an alle die Faktoren legen, aus denen
die Judenfrage sich zusammensetzt, nicht aber dadurch,
dass sie auf die Unverdientheit der noch bestehenden
Zurücksetzung pochen und aus ihr das Recht ableiten,
als unschuldig Gekränkte zu schmollen und sich wieder
mehr auf ihr Stammesgefühl zurückzuziehen. Beide
Theile müssen sich klar machen, dass jede grosse Uebergangskrisis in der Geschichte ihre Unbequemlichkeiten
für alle Betheiligten hat, und dass es nichts nutzt, sondern nur schadet, sich gegen diese Unbequemlichkeiten
zu sperren, weil man damit nur die Krisis verlängert.

Die Juden müssen dabei des Trostes eingedenk
bleiben, dass ihr Stamm sich noch niemals seit der
Zeiten David's und Salomo's in dem Masse wie jetzt in
einem rapid aufsteigenden Bahnstück seines Lebens-
laufes befunden hat, und dass sie im Begriff stehen,
sowohl in materieller wie in geistiger Hinsicht in die
Aristokratie ihrer Wirthsvölker einzutreten. Sie erfreuen
sich also nicht nur in der gegenwärtigen Uebergangskrisis des Contrastes gegen eine unendlich viel schlimmere Vergangenheit, sondern auch der Hoffnung auf
eine verheissungsvolle Zukunft nach Beendigung der
Uebergangskrisis; die Wirthsvölker hingegen dulden
die Unannehmlichkeiten der Krisis ohne jede Hoffnung
auf Belohnung durch späteren Vortheil, vielmehr mit
ernster Sorge vor eigener Benachtheiligung, bloss um
der Gerechtigkeit und Liebe willen, nämlich um einem

unwürdigen Zustand der jüdischen Menschenbrüder ein
Ende zu machen. Hätten die jüdischen Klagen über
unverdiente Zurücksetzung so viel Grund, wie sie thatsächlich keinen haben, so würden sie doch immer noch
nicht bloss aufgewogen, sondern überwogen durch die
Klagen der nichtjüdischen Volkstheile über Zurück-
drängung durch das sich vordrängende Judenthum.
Diesem Punkte haben wir also jetzt unsre Aufmerksam-
keit zuzuwenden.

7. Bevorzugte Stellung.

Alle Aristokratie beruht auf einem ererbten Ansehn, das man zu behaupten versteht; das Ansehn kann
nur durch dieselben Mittel behauptet werden, durch
die es erworben wurde, durch Leistungen, die für die
Gesammtheit Werth haben. Solche Leistungen können
bestehen in kriegerischer Tapferkeit, friedlicher Tüchtigkeit des Charakters, der Intelligenz und Bildung; diese
Eigenschaften ruhen zum Theil auf Erziehung, zum
Theil auf ererbten Anlagen, welche selbst wieder zum
grossen Theil durch Erziehung und Uebung von den
Vorfahren erworben sind. Um aber solche Anlagen
erwerben und weiter vererben zu können, bedarf es
einer häufigen Ausübung der entsprechenden Funk-
tionen, zu welcher wiederum ein gewisser Besitz erfor-
derlich ist. Um z. B. erhebliche Leistungen im Kriegs-
dienst zu Tage zu fördern, muss man die Mittel haben,

sich selbst, beziehungsweise ein Gefolge zu stellen und auszurüsten, oder man muss in neuerer Zeit eine Erziehung genossen haben, die von einem gewissen Wohlstand der Familie unabtrennbar ist. So sind Wohlstand und Besitz immer die Bedingung zur Erwerbung und dauernden Behauptung aristokratischen Ansehens, wenn sie auch allein zu beidem nicht ausreichen; das Volk sanktionirt unwillkürlich diese Ansicht, indem es die Stufe der Aristokratie nach dem Masse des Besitzes schätzt. Von dem Masse des Besitzes ist der Umfang der Machtsphäre abhängig, ebenso wie das Mass des Antheils an den höheren Genussgütern, über welche eine Culturperiode verfügt. Je grösser der Besitz eines Einzelnen, desto mehr Menschen setzt er in Beschäftigung und Nahrung und damit in eine gewisse sociale Abhängigkeit von sich, und desto angenehmer und behaglicher kann er sich selbst das Leben gestalten. Je stabiler dieser Besitz ist, desto mehr sichert er die Vererbung der mit ihm verknüpften Vorzüge und der durch ihn mitbedingten Eigenschaften.

In unentwickelten Culturverhältnissen ist der allein in's Gewicht fallende Besitz der Grundbesitz, und darum ist die Grundaristokratie die älteste, sei es, dass dieselbe innerhalb eines Stammes aus den kriegerischen Mehrleistungen gewisser Geschlechter und Familien sich entwickelt, sei es, dass sie durch einen erobernden Kriegerstamm dargestellt wird. Je mehr das Nationalvermögen anwächst, desto relativ geringer wird der Theil desselben,

den der Grundbesitz repräsentirt und desto mehr muss
die Bedeutung der Grundaristokratie als solchen im nationalen Leben zurücktreten, selbst dann schon, wenn
das mobile Naturalvermögen noch in so kleine Antheile
zersplittert ist, dass jeder Ansatz zu einer Aristokratie
des mobilen Besitzes fehlt. Neben der Grundaristokratie
entwickelt sich bei fortschreitender Cultur und damit
wachsender Complication des öffentlichen Lebens eine
Aristokratie des öffentlichen Dienstes in Staat und Kirche,
denen später auch die Schule hinzutritt; indem der Grundadel zunächst allein die tauglichen Bewerber für die
öffentlichen Aemter in Militär- und Civildienst, Rechts-
pflege und kirchlicher Hierarchie stellt, erweitert er sich
zum Grund- und Dienstadel und überdauert dadurch um
eine beträchtliche Frist die relative Entwerthung des
Grundbesitzes. Mit der wachsenden Wohlhabenheit und
Bildung des Bürgerthums treten aber auch bürgerliche
Bestandtheile in zunehmender Verhältnisszahl in den
Dienstadel ein, und daneben entwickelt sich aus dem
Bürgerthum ein städtisches Patriciat und endlich eine
Plutokratie.

Der Dienstadel bildet ein Mittelglied zwischen den
Aristokratien des immobilen und mobilen Besitzes und
lehnt sich an beide rückwärts an; um den Mangel
eigenen Besitzes zu ersetzen, dazu dient ihm ausserdem
theils das mit der Amtsgewalt verknüpfte Ansehn,
theils Hilfsorganisationen, welche ihm die aristokratische
Erziehung seiner Kinder erleichtern. Bei zu gering be-

messenen Gehältern erweist sich die vererbte Standesehre als unzulänglich zur Aufrechterhaltung des aristokratischen Ansehns und zum Schutz gegen das Versinken
in Corruption; aber auch bei Gehältern, welche zur
Wahrung des aristokratischen Ansehns ausreichen, ent-
geht dem Dienstadel doch eine entsprechende Betheiligung an den Erleichterungen und Annehmlichkeiten
des Lebens, wie sie dem Besitzadel zu Gebote steht,
und der Genuss der Standesehre muss für die Ent-
behrung vieler anderer aristokratischer Genüsse ent-
schädigen. Je verfeinerter die Genüsse des modernen
Cultuslebens werden, je mehr sie sich in den grossen
Städten zusammendrängen, je höher die Preise derselben
steigen, desto schwerer wird ihre Erlangung für einen
soliden, d. h. seinen Besitz selbst verwaltender Grundadel, desto unmöglicher wird sie aus Mangel an Mitteln
für den Dienstadel, selbst wenn er in grossen Städten
wohnt, wo ihm die lockenden Früchte dicht vor Augen
hängen, und desto ausschliesslicher werden sie zu einem
thatsächlichen Vorrecht des Geldadels, dessen Bildung
oft genug nicht einmal dazu ausreicht, dieses Vorrecht
(z. B. in Bezug auf höhere Kunstgenüsse) nach seinem
vollen Werthe zu würdigen. Der Geldadel braucht zur
Beförderung seiner Gesundheit keine Opfer zu scheuen,
der Grundadel hat ohnehin den Vorzug einer gesund-
heitsgemässeren Lebensweise auf dem Lande voraus, der
Dienstadel aber hat ein anstrengendes Leben meist in
Städten und doch kaum die Zeit und noch weniger

die Mittel, sich durch Badereisen zu erholen und zu kräftigen.

Im letzten Jahrhundert ist die Quote, welche der Grundbesitz der Nation vom gesammten Nationalvermögen darstellt, so reissend schnell gesunken, wie nie zuvor, und zwar aus zwei Gründen. Erstens ist das nicht im Grund und Boden bestehende Nationalvermögen ausserordentlich viel rascher gestiegen als der Bodenwerth, und zweitens ist der grössere und besser fundirte Theil des Bodenwerths aus den Händen der Grundbesitzer in diejenigen der Hypothekengläubiger übergangen, so dass die Mehrzahl der Grundbesitzer bloss noch als Generalpächter ihrer Hypothekengläubiger zu betrachten sind. Der Schwerpunkt des im engeren Sinne so genannten Adels liegt jetzt kaum noch in seinem Besitzstande, dessen frühere Stabilität überdies durch die hypothekarische Verschuldung sehr erschüttert ist, sondern in den Traditionen der Standesehre, opferwilligen Vaterlandsliebe und gesellschaftlichen Bildung, durch welche er bisher einen Vorzug als Bewerber um öffentliche Aemter geniesst. Von der concurrirenden Aristokratie des mobilen Besitzes werden natürlich diese Vorzüge bestritten, und die Bevorzugung in der Aemterverleihung vielmehr allein auf die Nachwirkung einer mittelalterlichen Interessensolidarität zwischen Monarchie und Grundadel zurückgeführt. Thatsache ist, dass diejenigen Bestandtheile des gebildeten Bürgerthums, welche in den genannten Vorzügen mit dem Adel concurriren können, vielleicht sogar ihn nebenbei an wirthschaftlicher Solidität und arbeitsamer Pflichttreue übertreffen, nicht aus der eigentlichen Plutokratie stammen, sondern aus Familien von nur mässigem aber althergebrachtem Wohlstand, die mit einem namhaften Theil ihrer Mitglieder eine generationenlange Schulung im Dienstadel durchgemacht haben.

Am wenigsten Ansehn geniesst trotz seines bedeutenden Machtgebiets der Geldadel neueren Ursprungs, weil ihm vorläufig die Stabilität und die ererbten aristokratischen Eigenschaften mehr als den beiden anderen Arten des Adels fehlen, und statt dessen nicht selten die Fehler des Parvenus anhaften. Deshalb wird ihm der bevorzugte Antheil an den verfeinerten Genussmitteln des modernen Lebens nicht nur von den beiden anderen Arten des Adels beneidet, sondern er wird ihm auch vom Volke in noch höherem Masse, als den beiden anderen Arten der Aristokratie der ihrige, missgönnt, weil das Gegengewicht eines entsprechenden aristokratischen Ansehens ihm bisher mangelt. Der Geldadel strebt deshalb seine Familien theils durch die äusserliche Form der Nobilitirung, theils durch Erwerb von Grundbesitz und die damit zusammenhängende Stabilisirung des Besitzes für künftige Generationen, theils durch Eintritt ihrer Glieder in den Dienstadel, theils endlich durch Verschwägerung mit den beiden andern Arten des Adels zu heben, und wird auf allen diesen Wegen im Laufe weniger Generationen sehr bedeutende Erfolge erzielen.

Die Juden, soweit sie in die höheren Gesellschaftsschichten emporgestiegen sind, haben diesen Aufschwung
durch die Mehrung ihres mobilen Besitzes erreicht,
zählen also im Ganzen zum Geldadel; von dieser Position aus haben sie auch den Uebergang in Grund- und
Dienstadel bereits angetreten, allerdings nicht, ohne dadurch sich vom Judenthum als solchem abzulösen. Es
besteht aber noch ein grosser Theil der reinen Plutokratie aus Juden, die dem Judenthum treu geblieben
sind, und in der Eröffnung des Richter- und Lehramtes
bietet sich neuerdings intelligenten und fleissigen Juden
selbst bei nur mässigem oder gar geringem Wohlstand
eine Gelegenheit, durch eigene Strebsamkeit und Kraft
in den Dienstadel emporzusteigen. Man darf hiernach
entschieden schon jetzt von einer jüdischen Aristokratie
sprechen, und dies um so eher, als innerhalb des Geldadels die Spitze desselben, d. h. die haute finance, vorzugsweise mit Juden besetzt ist. Die Beschränkung der
Juden auf Handelsthätigkeit, welche ihnen zum Nachtheil ersonnen war, hat sich in ihren Nachwirkungen
nach der Emancipation ihnen zum Segen verkehrt, denn
es hat ihnen in unserer Zeit des rapiden Aufschwungs
des mobilen Capitals so rasch einen Löwenantheil an
der Geldaristokratie verschafft, dass sie von dieser über-
aus starken Stellung aus mit Sicherheit alle übrigen im
Laufe der Zeit erobern können, sobald sie sich nur entschliessen, auf ihre Stammessolidarität zu verzichten.

Wie bereits bemerkt, ist schon jetzt das Ueber-

gewicht der Juden in allen ihnen seit längerer Zeit eröffneten höheren Berufsarten (höherer Kaufmannsstand,
Medicin, Communalverwaltung, Journalistik) über die
Zahl hinaus, welche dem Procentsatz an Juden in der
Gesammtbevölkerung entsprechen würde, um sehr vieles
grösser, als das Manco gegen diese Ziffer in den ihnen
noch verschlossenen Berufsarten, und in jedem ihnen
neu eröffneten höheren Beruf zeigt sich sofort ein der-
artig massenhafter Andrang jüdischer Candidaten, dass
der Eintritt des gleichen Missverhältnisses auf jedem
sich neu erschliessenden Felde in kurzer Frist zu erwarten steht. In dem städtischen Grundbesitz der von
Juden bewohnten Ortschaften vollzieht sich in wachsender Progression der Uebergang in jüdische Hände, insbesondere in den Stadttheilen, wo der Grundbesitz einen
höheren Werth repräsentirt; im ländlichen Grundbesitz
beginnen ebenfalls besonders grössere Complexe dem
Judenthum zuzufallen, von weit grösserer Bedeutung
aber ist hier der fortschreitende Uebergang der Hypotheken in jüdisches Eigenthum, wodurch das Judenthum
zu einer Stabilisirung seines Capitalvermögens gelangt
und den Grundadel unter Belassung des nominellen Besitzes doch thatsächlich zum grösseren Theil depossedirt.

Es scheint überflüssig, hier zu wiederholen, was
über die legitime und illegitime Macht des Geldes und
über die Verwendung, welche viele Juden von derselben
machen, in neuerer Zeit bis zum Ueberdruss an so vielen
Orten ausgeführt ist; ebenso verzichte ich auf die Her-

7

zählung aller der Annehmlichkeiten, Bequemlichkeiten, Schönheiten, Erfrischungen und Genüsse des modernen Culturlebens, an denen die Juden (wenigstens in denjenigen Provinzen und Städten, wo sie in stärkerem Procentsatz vertreten sind) einen sehr bedeutenden Antheil an sich gerissen haben. Wenn die Antisemiten sich in solchen Aufzählungen gefallen, um das Volk, den armen Dienstadel und den verarmten Grundadel gegen die jüdische Geldaristokratie aufzuhetzen, so ist dieses Verfahren zu missbilligen, weil Aufreizung verschiedener Bevölkerungsclassen gegen einander niemals dem nationalen Gesammtwohl dienen kann, und es immer gefährlich ist, in die Leidenschaften der Masse, deren einmal erfolgten Ausbruch man nicht wieder zu dämpfen vermag, zündende Funken zu werfen. Wenn dagegen die Wortführer des Judenthums die überall im Volke spontan hervorbrechende Missgunst gegen die bevorzugte Stellung der jüdischen Geldaristokratie dadurch gerichtet glauben, dass sie auf den selbstsüchtigen, also niederen Ursprung dieser Leidenschaft hinweisen, so vergessen sie denn doch, dass zu diesem niederen Ursprung noch andere Faktoren hinzutreten, welche dessen Product adeln. Es sind dies das Nationalgefühl und der Gerechtigkeitssinn.

Wie oben bemerkt, missgönnt das Volk selbst dem christlichen deutschen Geldadel die Vortheile seiner Lage mehr als dem Grund- und Dienstadel, und zwar aus Gerechtigkeitssinn, weil der gefürchteten äusseren Macht

und der beneidenswerthen Lebenslage noch kein pro-
portionales Mass von innerem Adel entspricht, am
wenigsten eine Noblesse von verpflichtender Gefühls-
gewalt. Das Volk bändigt die Selbstsucht seines Neides
dem Grundadel gegenüber eher, weil es instinktiv fühlt,
dass in diesem die individuelle Selbstsucht in solidari-
schem Familieninteresse, Standesinteresse und Staats-
interesse auf- und untergegangen ist, dem Dienstadel
gegenüber nicht nur darum, weil es dort wenig genug
zu beneiden hat, sondern weil es vor der mässig be-
lohnten Pflichttreue und Hingebung Achtung verspürt;
aber dem Geldadel gegenüber, dessen Lage am meisten
zum Neide herausfordert, lässt es diesem selbstsüchtigen
Triebe deshalb am meisten die Zügel schiessen, weil im
Geldadel eben auch die nackte individuelle Selbstsucht
herrscht, weil er ihm gar keinen Respect einflösst. Der
jüdischen Geldaristokratie gegenüber wird dieser Neid
noch durch den Stachel verschärft, dass das Nationalgefühl sich durch den Anblick einer wohllebenden
Aristokratie veletzt fühlt, welche einem fremden Stamme
und Glauben angehört und für die gutmüthig eingeräumte aristokratische Stellung bis jetzt den schuldigen
Dank, nämlich das Aufgeben des jüdischen Stammesgefühls und seiner Ueberhebung, verweigert. Die Güter,
nach denen das Volk in ehrlicher, mühevoller Arbeit
strebt, die ihm aber trotz aller Anstrengungen meist
unerreichbar bleiben, sieht es von einer fremden Aristokratie vorweggenommen und unter dem Schutze seiner

nationalen Gesetze mit oft genug wenig rücksichtsvollen
Manieren genossen; es hat das dunkle Gefühl, dass da
irgend etwas nicht mit rechten Dingen zugegangen sein
muss, wenn die besten Früchte des nationalen Bodens
und der nationalen Arbeit von Fremden gepflückt werden, deren emsiger Betriebsamkeit es die „Ehre der
Arbeit" nicht zugestehen mag. Wenn die Wortführer
des Judenthums diese instinktiven Gefühle eines tieferen
sittlichen Bewusstseins in jener Missgunst verkennen
oder verleugnen, werden sie niemals die für den Augenblick vielleicht praktisch wichtigste Seite der Judenfrage
verstehen, durch ihre eintönigen Klagen über völlig un-
berechtigten und unsittlichen Neid die Nichtjuden noch
mehr erbittern und so dem Antisemitismus Wasser auf
seine Mühle leiten.

Trotz der nationalen Empfindlichkeit und Beklem-
mung wegen einer überwuchernden stammes- und
glaubensfremden Geldaristokratie, trotz des Mangels an
Achtung für den inneren Gesinnungsadel derselben,
trotz der hinzukommenden Racenantipathie und volks-
thümlichen Missachtung gegen diese sich in ihrem
Stammesgefühl über das Wirthsvolk überhebende Aristokratie würde doch die Missgunst gegen die bevorzugte
Lebenslage des jüdischen Geldadels nicht das gegenwärtige Mass der Bitterkeit erreicht haben, wenn das
deutsche Volk die Ueberzeugung hätte, dass dieser Besitz durch redliche, d. h. eine nicht bloss mit den Gesetzen, sondern auch mit seiner Volksmoral harmonirende,

an und für sich productive Arbeit erworben sei. Dass diese Ueberzeugung fehlt, dass vielmehr mit Recht oder Unrecht die entgegengesetzte Meinung besteht, das ist es, was den Gerechtigkeitssinn des Volkes am tiefsten verletzt und in der gesammten Judenfrage die unangenehmste Complication ausmacht. Auch hier ist Wahrheit und Irrthum zu sondern und die Uebertreibung von der einen wie von der andern Seite abzuwehren, damit man erkennt, wie die Sachlage wirklich ist, und welche Wege zur Versöhnung der Parteien führen können. In der That, wenn die heutige bevorzugte Stellung des Judenthums, sowie seine Aussicht auf weiteres Emporsteigen wesentlich auf seinem Gelde beruht, so ist die Untersuchung nicht zu umgehen, wie das Judenthum zu seinem heutigen Geldbesitz gelangt ist.

8. Wirthschaftliche Ausbeutung.

Arbeit ist eine Thätigkeit, durch welche materielle oder geistige Güter geschaffen werden, oder durch welche die Bedingungen für die Verwendbarkeit vorhandener Güter verbessert werden. Dass eine Arbeit in ihrer Nutzbarkeit sofortige Anerkennung und demgemäss Entlohnung finde, ist nicht nothwendig; gerade die werthvollsten Arbeiten auf wissenschaftlichem, künstlerischem und technischem Gebiet bleiben oft unerkannt in ihrem Werth und deshalb unbelohnt, während auf der andern Seite manche Leistungen, die keine Arbeit sind (z. B. Prostitution), ziemlich sicher sein können, ihre Entlohnung zu finden. Deshalb ist der Begriff der Arbeit von dem des Lohnerwerbs unabhängig und der Werth der Arbeit nichts weniger als proportional der Höhe des Lohnes, den sie findet. In Folge dessen ist auch die „Ehre der Arbeit" nicht proportional dem Lohn, den sie auf dem Arbeitsmarkt je nach dessen wechselnden Conjunkturen findet, sondern dem inneren Werth der von ihr geschaffenen oder meliorirten Güter, d. h. der Förderung, welche sie der Menschheitscultur bringt. Man kann diesen Werth der Arbeit, nach dem sich ihre Ehre richtet, auch den objektiven oder volkswirthschaftlichen Werth derselben nennen, um ihn von dem subjektiven oder privatwirthschaftlichen Werth zu unterscheiden, welche sie durch die Höhe ihres Lohnes für den Arbeiter und seine Familie hat. In einem gesunden Volksleben von gesundem Nationalgefühl wird die Arbeit lediglich nach Massgabe ihres Werthes für die Gesammtheit geschätzt; in solchen Bestandtheilen der Bevölkerung dagegen, wo das rechte Nationalgefühl und der wahre Gemeinsinn für das Gesammtwohl der Nation fehlt, kann auch dieser Massstab für die Schätzung der Arbeit nicht platzgreifen und es bleibt dann nur der subjektive oder privatwirthschaftliche Werth derselben als Massstab für die Schätzung übrig.

In dieser Lage befand sich aber das Judenthum, und in ihr befindet es sich grösstentheils noch. Es ist daher kein Wunder, wenn es die Arbeit nicht nach ihrem Werth für die ihm gleichgültigen Wirthsvölker, sondern nach ihrem Werth für die sie ausübenden Juden schätzt, also zwischen den verschiedenen möglichen Arten der Arbeit die Auswahl lediglich danach trifft, welche es für die lohnendste hält. Es ist aber ebensowenig ein Wunder, wenn die Wirthsvölker, welche die Arbeit nach ihrem objektiven volkswirthschaftlichen Werthe schätzen, die von den Juden gewählte Art der Arbeit geringer schätzen als die Juden selbst, und ihr auch da, wo sie noch wirkliche Arbeit ist, dasjenige Mass von Ehre verweigern, welches die Juden nach Massgabe ihrer damit erzielten privatwirthschaftlichen Erfolge in Anspruch nehmen zu können glauben. Dieser Gegensatz würde auch dann bestanden haben, wenn die Juden nicht von anderen weniger lohnenden und ehrenvolleren Berufsarten früher mit Gewalt ausgeschlossen gewesen wären; er würde nur nicht in gleicher Schärfe hervorgetreten sein. Dieser Gegensatz wird auch dann, wenn den Juden alle Berufsarten geöffnet sein werden, für so lange fortbestehen, als die Juden noch nicht ihren Gemeinsinn im Nationalgefühl des Wirthsvolks erschöpfen; ja sogar, in seinen Nachwirkungen wird er diesen Zeitpunkt noch um mehrere Generationen überleben, weil das Volk sehr geneigt ist, die Ehre, welche es dem Besitz zollt, nach der Art und Weise zu bemessen, auf welche der Besitzer, sein Vater, Grossvater oder Urgrossvater zu diesem Besitz gelangt sind.

Besteht nun dieser Gegensatz schon innerhalb der

verschiedenen mehr oder weniger ehrenvollen Arten
von Arbeit, welche doch alle einen positiven volkswirthschaftlichen Werth haben müssen, wenn sie auf
den Namen Arbeit Anspruch haben wollen, so besteht
er in noch weit schärferer Gestalt zwischen dem Erwerb
durch Arbeit und dem Erwerb durch gewinnbringende
Thätigkeit, welche dem nationalen Leben entweder gar
keinen Nutzen oder gar Schaden bringt, oder welche
einen geringen volkswirthschaftlichen Nutzen mit einem
grösseren volkswirthschaftlichen Schaden vereinigt. Eine
solche Thätigkeit kann einen grossen Aufwand an Energie,
Ausdauer, Fleiss und Intelligenz erfordern, und zugleich
sehr lucrativ sein, ohne doch darum Arbeit heissen zu
können; so lange sie einen volkswirthschaftlich negativen Werth zur Folge hat, wird das Nationalgefühl und
die Volksmoral ihr auch nur negative Ehre zugestehn,
d. h. sie selbst und den durch sie erlangten Gewinn mit
Schimpf und Schande belegen, und zwar gleichviel,
ob die bezüglichen Handlungen im Strafgesetzbuch
verboten sind oder nicht. Bei der Verbrecherwelt
und dem mit den Strafgesetzen in Conflikt lebenden
Gaunerthum ist die reine Negativität des volkswirthschaftlichen Werthes ganz klar; aber es giebt gesetzwidrige Handlungen im geschäftlichen Leben, zu denen
der Kaufmann durch die nationalökonomische Raison
beinahe gezwungen wird, und es giebt neben straflosen
Gaunereien rein verwerflicher Art eine breite Ueber-
gangsschicht solcher Thätigkeiten, die bei zweifellos

überwiegender Gemeinschädlichkeit doch auch einen
mehr oder minder grossen Kern von volkswirthschaftlichen Vortheilen in sich bergen, und bestehe derselbe
auch nur darin, dass sie grösseren Uebeln vorbeugen
(man denke z. B. an Friedrich's des Grossen Ausspruch
über die Prostitution). Auf der andern Seite giebt es
kaum einen Arbeitszweig, der nicht auch seine volkswirthschaftlichen Nachtheile im Gefolge hätte, so dass
der positive Werth jeder Arbeit meistens nur in dem
Ueberschuss ihrer wohlthätigen Folgen über die schädlichen besteht.

Die nationale Missachtung einer Erwerbsthätigkeit
verringert sich in dem Masse, als die gemeinnützigen
Wirkungen derselben der Höhe der schädlichen näher
rücken, und die nationale Achtung vor einer Arbeitsart
vermindert sich in dem Masse, als die gemeinschädlichen
Wirkungen derselben die gemeinnützigen zu erreichen
drohen. Es giebt ein nicht eben schmales Grenzgebiet,
wo man zweifelhaft sein kann, ob eine Erwerbsthätigkeit
als eine Art wenig ehrenvoller Arbeit mit beträchtlichen
schädlichen Nebenwirkungen, oder als eine Art lucrativer
Ausbeutung mit nützlichen Nebenwirkungen anzusehen
sei (z. B. der an den Bettel grenzende, Gelegenheitsdieb-
stähle mitnehmende, Gelegenheiten zum Einbruch aus-
kundschaftende, oder auch dem Wucher in die Hände
arbeitende Hausirhandel, oder auch die Colportage von
Schundliteratur). Die Ehre der Arbeit wird um so
grösser und zweifelloser sein, je ferner sie diesem Grenz-

gebiet steht, und selbst eine an sich ehrenvolle Arbeit
wird die Reinheit ihrer Ehre beflecken, wenn sie die
direkte oder indirekte Verbindung mit Geschäften, die
diesem zweifelhaften Rayon angehören, nicht verschmäht.

Am zweifellosesten in ihrer Gemeinnützigkeit ist
die productive Arbeit, sei sie von geistiger, mechanischer
oder combinirter Beschaffenheit (Handarbeit, Maschinen-
bedienung, Organisation und Leitung productiver Betriebe, Kunstindustrie, Kunst und wissenschaftliche
Forschung); deshalb sind alle Völker darin einig, der
productiven Arbeit die höchste Ehre zuzuerkennen.
Weniger zweifellos ist der objektive Werth derjenigen
Arbeit, welche keine Werthe producirt, sondern nur die
Verwendbarkeit der schon vorhandenen durch räumliche
oder zeitliche Verschiebung der Güter, durch Vermittelung zwischen Nachfrage und Angebot oder durch
Uebermittelung geistiger Güter erhöht. Am zweifellosesten ist von dieser Gruppe noch der objektive Werth
der Uebermittelung geistiger Güter (religiöser Gefühle,
künstlerischer und technischer Fertigkeiten und wissen-
schaftlicher Bildung); doch weiss das Volk zu gut, wie
vielseitig die geistliche Thätigkeit zu ungeistlichen
Zwecken gemissbrauch wird, wie viel Schaden die
Lehrthätigkeit durch Züchtung eines überschüssigen
künstlerischen und wissenschaftlichen Proletariats an-
richtet, wie die Journalistik und Presse mit ihrer Popularisirung des Wissens mehr Unheil als Heil stiftet, wie
selten die ärztliche Thätigkeit hilft und wie viel Auf-

dringlichkeit, Charlatanerie und Geldgier sich hinter ihr
verbirgt. Preist doch das Volk denjenigen glücklich,
der mit Pfaffen, Aerzten und Advocaten in seinem
Leben nichts zu schaffen hat. Zweifelhafter wird schon
der objektive Werth der Arbeit bei der räumlichen oder
zeitlichen Verschiebung materieller Güter und bei der
Vermittelung zwischen Angebot und Nachfrage, d. h.
bei der Handelsthätigkeit.

Der Handel ist stets darauf erpicht, den Völkern
Bedürfnisse anzugewöhnen, die sie noch gar nicht haben,
um an ihrer Befriedigung zu verdienen; ob diese Bedürfnisse und ihre Befriedigung den Völkern zum Heil
oder Unheil gereichen, kümmert ihn nicht. Welches
Unheil würde von der Erde verschwinden, wenn beispielsweise nur der internationale Handel mit Opium,
Branntwein und Tabak aus der Welt zu schaffen wäre!
Wie viel zufriedener würde das deutsche Volk leben,
wenn es die Producte überseeischer Länder nie kennen
gelernt hätte, also, ohne sie zu vermissen, sich mit den
Erzeugnissen des heimischen Bodens und heimischen
Gewerbefleisses begnügt hätte! Die Frage ist noch un-
gelöst, ob es besser ist, den Bevölkerungsüberschuss,
den der Boden eines Landes nicht mit den nothwendigen
Nahrungsmitteln zu versehen vermag, durch Getreide-
import dem Lande zu erhalten, oder ihn durch recht-
zeitigen Menschenexport zu beseitigen; ist das letztere
culturell vortheilhafter, so trägt der Importhandel mit
Getreide die Schuld, diese von selbst sich einstellende

beste Lösung zu verhindern. Der Handel vergeudet
Unsummen auf Transportkosten, bloss um die naturgemässe Lösung der Fragen zu verhindern, oder doch
hinauszuschieben; er schleppt z. B. die Baumwolle von
Indien nach England, von Nordamerika nach Sachsen,
und schleppt die Gewebe aus derselben Baumwolle von
England nach Indien, von Sachsen nach Amerika zurück,
ohne eine andere Wirkung, als dass er die englischen
und sächsischen Baumwollenspinner hindert, nach Indien
und Amerika zu gehen und die dort befindliche Baumwolle zu spinnen und zu weben. Trotz alledem ist der
internationale Import und Export noch der angesehenste
Theil des Handels, erstens weil er Volksbedürfnisse, die
jetzt einmal thatsächlich vorhanden sind, befriedigt,
zweitens, weil er einen beträchtlichen Theil der Bevölkerung mit der Ausführung der Land-, Fluss- und See-
Transporte, und mit der Herstellung der Transport-Geräthe
und Wege in Nahrung setzt, drittens, weil er vorzugsweise
in den Händen eines persönlich achtungswerthen Patri-
ciats von ererbter Bildung, Wohlhabenheit und Solidität
ruht, und viertens, weil er von allen Handelsgeschäften
jenem bedenklichen Uebergangsgebiet von der Arbeit
zur Ausbeutung am fernsten steht.

Bei dem collectiven und distributiven Handel innerhalb des nationalen Wirthschaftsgebietes besteht zwar
der erste Grund auch, aber doch nur deshalb, weil der
Handel selbst in seinem Sonderinteresse durch fortschreitende Centralisirung des Marktes die für Produ-

centen wie Consumenten weit vortheilhaftere Ausbildung
localer decentralisirter Märkte hindert. Auch er be-
schäftigt ein beträchtliches Personal im Transportwesen,
aber doch nur im Land- und Flusstransport, in einem
mit dem internationalen Grosshandel nicht zu ver-
gleichenden Masse, und vor allen Dingen im Widerspruch mit dem instinktiven Gefühl der Consumenten
und Producenten, welche zwar den internationalen Transport, nicht aber denjenigen von den Localmärkten zu
den Centralmärkten und wieder zurück, als nothwendig
zur Befriedigung ihrer Bedürfnisse anerkennen. Stabilität von Wohlstand und Bildung findet sich meist nur
bei den Grosskaufleuten der Centralmärkte, nicht aber
bei dem collectiven und distributiven Zwischenhandel
und Kleinhandel, mit dessen Vertretern das Publicum
allein zu thun hat; im Gegentheil treten hier grade
schon bedenklich nahe Beziehungen und Verschmelzung
von Arbeit und Ausbeutung hervor.

Bei den gewerbsmässigen Käufern greift das Be-
streben Platz, durch locale Monopolisirung des Geschäfts
und durch Cartellverträge mit den Concurrenten die
Preise unter ihren Werth zu drücken, und so selbst die
Form der Versteigerung illusorisch zu machen, bei den
Verkäufern zeigt sich das Bestreben, durch unwahre
Anpreisungen die sachliche Unkenntniss der Kunden
auszubeuten (Schacher, Wanderlager, Schwindelauctionen),
bei beiden die Neigung durch baare Vorschüsse oder
Creditirung des Kaufgeldes den Kunden zum Schuldner

zu machen und seine Zahlungsschwierigkeiten als Zwangs-
mittel zum Abschluss noch unvortheilhafterer neuer Geschäfte auszubeuten. ·Dieser Waarenwucher führt dann
direkt in den Zinswucher und Capitalwucher hinüber,
der mit dem Monopolcartell und dem Schacher in enger
Verwandtschaft steht. Von besonderer Gemeinschädlichkeit ist im Distributionshandel die Unsolidität der Ge-
schäftsgebahrung, welche in der Statistik der Concurse
in erschreckender Weise zum Ausdruck gelangt; denn
sie zwingt den so oft geschädigten Grosshandel, die auf
seine Preise aufzuschlagenden Risicoprämien zu erhöhen,
vertheuert also den Consumenten die Waaren, ver-
schlimmert zugleich die Lage des Kleinhandels, und verringert endlich die Achtung, welche der Kleinhandel
in den Augen des Publicums andernfalls geniessen könnte.
Der Concurs ist aber wiederum eine zu bequeme Hand-
habe, sich seinen Verpflichtungen zu entziehen, als dass
er nicht in zahlreichen Fällen (von denen offenbar nur
ein kleiner Theil nachweisbar sein kann) zum Missbrauch herausforderte. Eine ähnliche Rolle wie der
Concurs bei Kaufleuten spielt bei den kleinen ärmeren
Handelsleuten das Prellen der Gläubiger durch künstlich
herbeigeführte Fruchtlosigkeit der Execution.

Sehr zweifelhaft ist das Verhältniss der gemeinnützigen und gemeinschädlichen Wirkungen bei dem
Speculationsgeschäft, d. h. bei der Ausnutzung der Marktconjunkturen für privatwirthschaftlichen Gewinn. Die
räumliche internationale Güterverschiebung dient nur so

lange einem wirklichen Bedürfniss, als das Angebot des einen Landes sehr erheblich dessen Nachfrage in demselben Artikel und die Nachfrage des andren Landes ebenso erheblich den Vorrath übersteigt; der an der Güterverschiebung zu erzielende Gewinn reizt aber den Handel dazu, selbst die geringsten Preisverschiedenheiten, sobald sie nur noch die Transportkosten übersteigen, zu gewinnbringenden Geschäften zu benutzen, und diese Agiotage, welche für gleichen Gewinn um so grössere Transaktionen nöthig macht, je kleiner die Preisdifferenzen der Märkte sind, erzeugt eine Güterverschiebung, die ausser aller Proportion zu den vorhandenen Bedürfnissen steht. Indem die Agiotage sich mit dem Zeitgeschäft verbindet, d. h. auf ungefähre Compensation der Käufe und Verkäufe beider Märkte innerhalb der Lieferungsfrist rechnet, wird sie in der Hauptsache zum Differenzgeschäft, und führt nur insoweit zu Güterverschiebungen, als jene Compensation nicht vollständig erreicht und auch nicht durch Prolongation von der nächsten Lieferungsfrist erwartet wird. Aber selbst die Güterverschiebungen, welche unvermeidlich bleiben, compensiren sich theilweise in längeren Zeiträumen, indem in einem späteren Termin die noch nicht verbrauchte oder gar nicht zum Verbrauch bestimmte Waare (Effekten, Edelmetalle) bei verändertem Conjunkturenverhältniss beider Märkte zurückgeschafft werden muss, so dass der ganze Transport zwecklos war.

Die Speculation, welche die zeitlichen Schwankun-

gen desselben Marktes ausnutzt, entspringt aus dem
Lieferungsgeschäft zu bestimmtem Termin; denn auch
wer weder Bedarf nach der Waare, noch Vorrath an
derselben hat, kann sich an dieser Speculation betheiligen, indem er zwei entgegengesetzte Lieferungsgeschäfte zu gleichem Termin bei verschiedener Markt-
conjunktur abschliesst. Das so entstehende Differenzgeschäft artet leicht zum wilden Spiel aus, das sich mit
der Agiotage zum internationalen Börsenspiel verbindet;
der Krieg der Hausse- und Baissepartei und die in demselben angewendeten Mittel (Massenangebot der gar
nicht existirenden Waaren und Einschwänzung der Con-
tremine durch Waaren- oder Stücke-Einsperrung) sind
allen volkswirthschaftlichen Werthes baar und vergiften
mit ihrer gemeinschädlichen Geschäftspraxis auch den
Grosshandel, der sich gegenwärtig der Betheiligung an
dem Differenzenspiel kaum noch entziehen kann. Der
Nutzen, den das reelle Waarenlieferungsgeschäft zu
festem Termine bringen kann, wird durch diese nachtheiligen Folgen weit überwogen; besässen wir gesun-
dere wirthschaftliche Verhältnisse und ein besser ent-
wickeltes Creditwesen, so dürfte kein Waarenbesitzer
ein Interesse daran haben können, seine Waare früher
als am Lieferungstermine selbst zu verkaufen und die
Regelung der Preisverhältnisse der alten Bestände
würde sich durch Vorausberechnung der künftigen
Markt-Conjunktur ganz ebenso gut vollziehen, wie sie sich
jetzt mit Hilfe des Lieferungsgeschäftes in weit plum-

perer Weise vollzieht. Der Producent aber würde durch die Beseitigung des Lieferungsgeschäftes der Versuchung enthoben, sich von Händlern einschüchtern zu lassen, und wäre weit eher im Stande, am Markt der Lieferungszeit direkt mit den Consumenten in Verbindung zu treten, also den Gewinn des Zwischenhandels sich und dem Consumenten zu theilen, oder doch wenigstens die Zahl den Zwischenhändler und damit die Höhe der Abgabe an dieselben zu verringern. Dies will aber der Handel grade verhindern, und darum besteht er auf der Unentbehrlichkeit des Lieferungsgeschäftes.

Im Grossen und Ganzen ist der Handel nichts als die Vermittelung zwischen Nachfrage und Angebot, und der Unterschied des Kaufmanns von dem blossen Vermittler (Commissionär, Makler oder Agenten) besteht nur darin, dass ersterer mit eigenem Risiko als Käufer und Verkäufer eintritt, letzterer sich mit der Vermittelungsprovision für das zwischen dritten Personen zu Stande gebrachte Geschäft begnügt. Sehr oft tritt jedoch der Vermittler, um jeder Rechenschaftslegung an den Committenten zu entgehen, als Selbstkäufer und Selbstverkäufer auf (z. B. der Börsenmakler und der Banquier), und andererseits sind viele eigene Risiken so illusorisch, dass scheinbare Kaufleute doch thatsächlich nur Commissionäre sind. Beides geht daher mit fliessenden Grenzen in einander über. Aller Commissionshandel strebt nach Monopolisirung seines Geschäfts-

zweiges und hat kein dringenderes Lebensinteresse als
das, den Consumenten und Producenten die Umgehung
seiner Vermittelung und die direkte Geschäftsverbindung
unmöglich zu machen. Hierbei erzielt er so bedeutende
Erfolge, dass die unfreiwillige Abgabe, welche das Publicum an ihn entrichten muss, in vielen Geschäftszweigen
schwerer empfunden wird, als der Vortheil der gebotenen
Vermittelung, und ein Zustand vorgezogen werden würde,
der das Publicum zwar zum mühsameren Aufsuchen
direkter Anknüpfungen zwänge, aber ihm dieselbe auch
ermöglichte. Von besonderem Nachtheil ist dabei der
Umstand, dass der Commissionär nur seinen Gewinn, der
von dem Zustandekommen möglichst vieler Geschäfte
abhängt, im Auge hat, und in diesem Interesse dem
Publicum, das ihn für einen zugleich sachverständigen
und unparteiischen Rathgeber hält, schlechte Rathschläge
giebt, insbesondere dasselbe durch Vorspiegelung von
Gewinnen zu unzweckmässiger Häufigkeit des Besitz-
wechsels und zu Geschäften mit unverhältnissmässig
grossem Risiko überredet. Oft genug sind auch die
Commissionäre nicht einmal unparteiisch in dem Sinne,
wie das Publicum meint, dass sie nämlich gleichviel und
gleichwenig Interesse für Käufer und Verkäufer haben,
sondern sind von dem einen Theil dafür gewonnen, den
andern übervortheilen zu helfen. Diese Unsolidität des
Commissionsgeschäftes hat bekanntlich zur Ausbildung
aller möglichen Arten von Schwindelgeschäften geführt,
von den an die Grenze des Verbrechens streifenden

Leistungen dunkler Ehrenmänner an bis zu den Schwindel-
gründungen der haute finance. Eine der gefährlichsten
Seiten des Commissionshandels aber ist die Verleitung
des Publicums zur Betheiligung am Börsenspiel, das
keine Werthe schafft, aber manche vergeudet; denn es
ist klar, dass die an der Quelle Sitzenden das Interesse
haben müssen, den Löwenantheil aller Gewinne für sich
zu behalten, den Löwenantheil aller Verluste aber auf
die Schultern ihrer Committenten abzuwälzen, und dass
ihnen Wege und Mittel genug zu Gebote stehn, um
diese Vertheilung ohne Conflikt mit den Gesetzen durch-
zuführen. Die Börse als der Centralmarkt für alle Trans-
actionen und Vermittelungsgeschäfte, die das mobile
Capital betreffen, ist darum auch der Sammelpunkt alles
gemeinschädlichen Spiels unter geschäftlicher Form und
alles Schwindels im höheren Stil.

Es begreift sich nach dem Gesagten, dass die
„Ehre der Arbeit", welche den soliden und reellen
Geschäftsleuten zuerkannt wird, eine ganz andre ist als
diejenige, welche den unsoliden und unreellen Geschäftsleuten anhaftet. Die ersteren gelten als nützliche Mitglieder der menschlichen Gesellschaft, die letzteren
als gemeinschädliche Schmarotzer, die bei grösserer
Häufigkeit zur wahren Landplage werden können. Gleich
den Stechfliegen heften sie sich an ihre auserkorenen
Opfer, verfolgen dieselben mit bewunderungswürdiger
Ausdauer und ermüdender Geduld, indem sie, noch so
oft verscheucht, immer wieder kommen. Die Verach-

8*

tung und der Hass, welche das Volk auf die unreellen
Geschäftsleute wirft, schadet dem Ansehn des gesammten
Handelsstandes, da das Volk sich selten im Stande
fühlt, das solide und unsolide Geschäft, die in allen
Nuancen in einander übergehen und sich vermengen,
sauber zu sondern. Im Volksmund ist handeln so viel
wie schachern, täuschen die eigentliche Absicht beim
Tauschen, gilt alles, was ein Händler über die behan-
delte Waare sagt, selbstverständlich als Lüge, und der
Kaufmann als solcher als ein Betrüger. Diese naive
Baueransicht, die das Kind mit dem Bade ausschüttet,
schlägt bei manchen gebildet sein wollenden Städtern
in das entgegengesetzte Extrem um, aber doch nur,
bis sie durch Erfahrung klug geworden sind, wo sie
dann die Existenz reeller Geschäftsleute zwar im Allgemeinen anerkennen, aber doch jedem einzelnen, mit dem
sie zu thun haben, zunächst als einem unreellen misstrauen, bis sie sich durch längere Probe von seiner
Reellität überzeugt haben. Dieses Misstrauen gegen den
Handelsstand im Allgemeinen ist aber doch im Grossen
und Ganzen weit entfernt von Missachtung oder gar
Hass, und wirkt nur mit der ohnehin geringeren Werth-
schätzung der Handelsthätigkeit zusammen, um im Vergleich mit ihr die productive Arbeit desto höher zu
stellen, welche der Verquickung mit unsolidem ausbeu-
tendem Erwerb gar nicht, oder doch in weit geringerem
Masse, ausgesetzt ist. Der einzelne Geschäftsmann, der
als unreell und unsolide bekannt ist, steht zwar unter

Missachtung, und nach Massgabe der von ihm verübten
Ausbeutungen auch unter dem Hass des Volkes, aber
er wird doch nur als ein verirrter Bruder angesehen,
der zwar bei seinen Lebzeiten das Einzelinteresse über
das Gesammtinteresse stellt, der aber darum doch nicht
hindern kann, dass der von ihm in seine Hände gespielte Theil des Nationalvermögens demselben nach
seinem Tode wieder zufliesst und der nationalen Arbeit
und dem nationalen Culturprocess wieder dienstbar wird.

Anders muss das Urtheil über einen unsoliden, unreellen und ausbeutenden Geschäftsmann lauten, wenn
er dem Judenthum angehört, weil dann auch nach dessen
Tode der von ihm in seine Hände gespielte Theil des
Nationalvermögens in jüdischen Händen und damit den
Interessen des Judenthums dienstbar bleibt. Der unsolide jüdische Geschäftsmann gilt dem deutschen Volke
nicht als ein einzelner verirrter Bruder, sondern als
typischer Vertreter und Mitglied eines solidarisch operi-
renden Stammes, der in der Mehrzahl seiner Mitglieder
das unsolide, unreelle, ausbeutende Geschäft zu seinem
Beruf erwählt hat, und dadurch als Totalität im wirthschaftlichen Kampfe mit den Wirthsvölkern steht.
Jedermann weiss sehr wohl, dass es eine Menge reeller,
solider und durchaus achtungswerther jüdischer Geschäftsleute giebt, aber jedermann betrachtet dieselben bis jetzt
als Ausnahmen von der Regel, ebenso wie die ganz
und ohne Rest deutchnational gesinnten Juden. So
lange die ausbeutende Thätigkeit bei gleichem Aufwand

von Intelligenz und Mühe mehr privatwirthschaftlichen
Nutzen abwirft, als die reelle Arbeit, ist jeder, welcher
das nöthige Mass von Intelligenz und Gewandtheit in
sich spürt, logisch gezwungen, der ersteren Berufsart
vor der letzteren den Vorzug zu geben, vorausgesetzt,
dass er den privatwirthschaftlichen Nutzen zum einzigen
Beurtheilungsmassstab für den Werth der Thätigkeit
macht. Diese Voraussetzung ist nicht erfüllt bei den
Mitgliedern des Volkes, welche durch ihr Nationalgefühl genöthigt werden, die Gemeinnützigkeit oder Gemeinschädlichkeit einer Thätigkeit als höchsten Massstab
ihres Werthes zu betrachten; aber sie ist erfüllt bei
allen denjenigen Juden, bei welchen das Stammesgefühl
noch nicht durch das Nationalgefühl ersetzt und verdrängt ist. Denn so lange der Gemeinsinn wesentlich
im Solidaritätsbewusstsein des Stammes besteht, ist er
am meisten befriedigt durch eine Thätigkeit, welche die
Interessen des Judenthums in seinem Gegensatz gegen
die Interessen der Wirthsvölker am meisten fördert;
dies geschieht aber bis jetzt offenbar am meisten durch
Steigerung der Kapitalmacht des Judenthums, welche
eben nur durch die Wahl einer möglichst lukrativen
Thätigkeit von Seiten jedes einzelnen Juden erreichbar ist.

Kein Jude, der einen andern Juden die Wirthsvölker ausbeuten sieht, kann sich, so lange er dem
jüdischen Stammesgefühl treu bleibt, dem tadelnden
Urtheil der letzteren anschliessen, sondern muss vielmehr den Stammesgenossen trotz seiner im Wirthsvolk

verachteten und verhassten Ausbeutungsthätigkeit, ja
sogar grade wegen derselben, loben und ehren, insofern
derselbe durch diese Thätigkeit der Sonderinteressen
des Judenthums dient; ein Tadel vom Standpunkt des
sich selbst behaupten wollenden Judenthums kann einen
Juden nur dann treffen, wenn er seinen jüdischen Gemeinsinn verleugnet, also sich aus Eigennutz dazu hinreissen lässt, durch seine Thätigkeit auch Stammesgenossen zu schädigen. Dies wird daher von jedem noch
jüdisch denkenden und fühlenden Juden auf das Sorg-
fältigste vermieden, so weit es in seiner Macht steht
und nicht gradezu gegen die geschlossenen Monopol-
kartelle mit den engeren Berufsgenossen verstösst; insoweit der Jude genöthigt ist, zur Vermeidung der
Schädigung von Stammesgenossen die Staatsgesetze zu
umgehen oder heimlich gegen dieselben zu verstossen
(z. B. durch Bevorzugung jüdischer Gläubiger vor Eintritt des Concurses), fühlt er sein Gewissen durch Erfüllung der höheren Pflichten gegen seinen Stamm ent-
lastet und geniesst obenein den Vortheil, dass dieser
Stamm in Anerkennung seines Gemeinsinns ihm zum
Wiederemporkommen brüderlich die Hand reicht.

Dies alles sind ganz selbstverständliche logische
Consequenzen aus dem Vorhandensein eines jüdischen
Gemeinsinns und dem Mangel eines nationalen Gemeinsinns. Es ist eben so sinnlos, wenn von jüdischer Seite
diese Consequenzen abgeleugnet werden, als wenn man
sich von antisemitischer Seite über dieselben moralisch

ereifert, oder gar bemüht ist, den natürlichen Ausfluss
des Verhältnisses von Stammesgefühl und Nationalgefühl als eine Folge einer verwertlichen religiösen Sittenlehre der Juden zu brandmarken. Es ist ganz richtig,
dass die Moral der alttestamentlichen Religon, eben weil
dieselbe eine streng nationale Religion ist, einen Unterschied macht zwischen dem ausgewählten Volk und den
„Völkern";*) aber es wäre logisch absurd und ein Zeichen
von grober historischer Unkenntniss, ihr daraus einen
Vorwurf machen zu wollen, da auf der Culturstufe ihrer
Entstehungszeit etwas andres gar nicht zu erwarten war,
und alle nationalen Religionen mit Nothwendigkeit dieselbe Eigenthümlichkeit zeigen. Bezieht doch selbst das
liebreichste Evangelium des neuen Testaments, welches
eine kosmopolitische Religion predigt, die Nächstenliebe
noch immer bloss auf die Glaubensgenossen oder Mit-
christen (Gotteskinder) und lehrt den Hass gegen die
Kinder der Welt oder Teufelskinder, und nur die Moral
des Buddhismus macht von Anfang an keinen Unterschied zwischen Mensch und Mensch, einfach darum,
weil sie als Moral des Mitleids auch zwischen Mensch
und Thier keinen Unterschied macht. Mit steigender
Culturstufe macht jede Religion den Fortgang zu einer
alle Menschen gleichmässig umspannenden Nächsten-

*) Vergl. mein Werk: „Das religiöse Bewusstsein der Menschheit",
S. 438—439, 444. So ist beispielsweise der Wucher und die Schuldein-
treibung gegen Fremde erlaubt, gegen Stammesgenossen verboten (5. Mos.
23, 19—20; 15, 3).

liebe, und so hat ihn auch die jüdische Religion in neuerer Zeit gemacht, indem die Religionsurkunden gewaltsam im Sinne einer kosmopolitisch gleichmässigen Moral interpretirt werden (so z. B. durch den deutschen Rabbinercongress zu Berlin Anfang Juni 1884); aber dieser nothwendige theoretische Fortschritt hindert doch nicht im Geringsten, dass in der Praxis die Völker, gleichviel ob sie desselben oder verschiedenen Glaubens sind, ihre eigenen Angehörigen gegen die Fremden bevorzugen, dass sie einander bekriegen und auf eine Weise wirthschaftlich ausbeuten, welche ihnen der nationale Gemeinsinn gegen Volksgenossen in Anwendung zu bringen verbietet. Denn nach den Grundsätzen der Geschäftsmoral kann es unmittelbar gar nicht in Betracht kommen, ob mit der Förderung des eigenen Volkswohls eine Schädigung der andern Völker, mit denen man wirthschaftliche Beziehungen unterhält, verbunden ist oder nicht.

Kein Volk in der ganzen Welt lässt sich durch Bedenken und Skrupel, die aus der Privatmoral geschöpft sind, abhalten, die andern Völker wirthschaftlich auszubeuten, so lange diese dumm und schwach genug sind, sich ausbeuten zu lassen; die Art und Beschaffenheit der Privatmoral hat deshalb auch nur sehr geringen Einfluss auf die Art und Weise, wie diese gewerbsmässige Ausbeutung praktisch betrieben wird. Die Ausbeutung hat ihre Grenze niemals an moralischen Rücksichten, sondern höchstens an solchen der selbst-

süchtigen Klugheit, also z. B. an der Rücksicht, die
Opfer nicht in ihrer Existenz und Leistungsfähigkeit zu
unterbinden, oder das zur fortgesetzten Ausbeutung erforderliche dumme Vertrauen derselben nicht zu unter-
graben, oder sich nicht durch zu grosse Härte einem
Ausbruch der Volksrache auszusetzen. Solche Rücksichten haben natürlich noch mehr Gewicht, wenn der
ausbeutende Stamm sich als eine staatslose Minderheit
in dem auszubeutenden Volke vertheilt, als wenn er als
ein räumlich abgeschlossener militärisch organisirter
Staat den auszubeutenden Völkern gegenübertritt (wie
z. B. ein Mutterland überwundenen Colonialvölkern).
Wenn man sich daran erinnert, wie die Spanier Mexiko
ausgebeutet haben, und wie die Engländer und Franzosen
heute noch ihre Colonien behandeln und ihrer wirthschaftlichen Ausbeutung durch grausame Kriegführung
die Wege ebnen (Opiumkrieg), so erscheint doch alles,
was die Juden an Ausbeutung andrer Völker geleistet
haben und noch leisten, als blosses Kinderspiel. Grade
diejenigen Völker, welche sich mit ihrer (gleichviel
ob katholischen oder evangelischen) Christlichkeit am
meisten brüsten, haben, wofern sie nur die Macht dazu
hatten, die Ausbeutung andrer Völker am schamlosesten
und gewissenlosesten betrieben, und niemals hat ein
christliches Volk einen Unterschied zu Gunsten christlicher Nationen in dem Grade der Ausbeutung gemacht.
Wenn im Ganzen die nichtchristlichen Völker schlimmer
als die christlichen von christlichen Handelsvölkern aus-

gebeutet worden sind, so liegt dies einfach daran, dass
die wirthschaftliche Inferiorität der ersteren im Durch-
schnitt grösser war und darum einen höhern Grad von
Ausbeutung ermöglichte.

So lange also die Juden sich als ein besonderes
(wenn auch landloses und staatsloses) Volk betrachten,
ist es einfach absurd, ihnen die Ausbeutung anderer
Völker in's Gewissen zu schieben, und es ist völlig überflüssig, auf die alttestamentliche und talmudische Moral
zurückzugreifen, um zu beweisen, was an und für sich
selbstverständlich ist, dass nämlich jedes Volk (also auch
auf das jüdische) alle andren wirthschaftlich auszubeuten
sucht, so weit sein Vermögen und sein wohlverstandener
Vortheil es ihm erlaubt. Die Schwierigkeit tritt erst damit ein, dass das jüdische Volk, wie jedes im gleichen
Falle thut, die Thatsache der Ausbeutung und die ihr
zu Grunde liegende Maxime ableugnet. Die Wortführer des Judenthums suchen zu leugnen, dass die
Mehrzahl der Juden das unreelle und unsolide Geschäft
dem soliden und reëllen vorzieht und mit einer gemeinnützigen Handelsthätigkeit eine mehr oder weniger gemeinschädliche verbindet; sie suchen zu leugnen, dass
die jüdische Geschäftsthätigkeit ihren ausbeutenden
Charakter nur gegen die Wirthsvölker und nicht gegen
die Stammesgenossen kehrt, also Juden und Nichtjuden
mit verschiedenem Masse misst, und wo ein Jude wegen
besonders schlimmer Ausbeutungen dem nationalen Ver-
dict verfällt, suchen sie seine Schuld gegen das Wirths-

volk (weil sie ein Verdienst um das Judenthum ist) in den Augen der öffentlichen Meinung zu vertuschen, zu beschönigen und durch Entstellung der Thatsachen weisszuwaschen.

Alle ausbeutenden Völker wünschen natürlich die auszubeutenden blühend und reich, um günstige Ausbeutungsobjekte an ihnen zu haben; aber so wenig man dies als den Wunsch uneigennütziger Freundschaft ansehen kann, ebenso wenig kann man den Juden glauben, dass ihr Wunsch, die Wirthsvölker blühend und reich zu sehen, ihre Freundschaft und ihr Wohlwollen für dieselben beweise. Zwischen einem ausbeutenden Volk oder Stamm und den zur Ausbeutung erkorenen Opfern kann trotz aller sonstigen aus diesen Beziehungen entspringenden wirthschaftlichen Vortheile doch nie ein anderes Verhältniss als wirthschaftliche Feindschaft bestehen. Das ausbeutende Volk missachtet mit Recht dasjenige, welches sich von ihm ausbeuten lässt wegen dessen wirthschaftlicher Inferiorität, und wird von ihm mit ebensoviel Recht gehasst nach Massgabe des durch die Ausbeutung entzogenen Nationalvermögens. Dieser Hass wird darum nicht geringer, wenn der ausbeutende Theil die allgemein übliche Ableugnung seiner Ausbeutung durch die Behauptung seiner Zugehörigkeit zur ausgebeuteten Nation zu begründen sucht; denn diese Behauptung ist in ihrer Allgemeinheit eben nur in staatsrechtlicher Beziehung wahr, und dies auch erst seit der Emancipation, und da beweist sie nichts, während

sie in Bezug auf das nationale Zugehörigkeitsgefühl bis
jetzt nur für eine kleine Minderheit, aber nicht für die
Masse des Judenthums wahr ist, so weit es noch an
dem Solidaritätsbewusstsein seines Stammes festhält.
Das Volk aber bildet seine Urtheile im Bausch und
Bogen ohne Rücksicht auf Ausnahmen, und sieht deshalb in den es ausbeutenden Juden niemals etwas anderes
als eine stammesfremde und glaubensfremde Schmarotzer-
brut, die sich von dem ihm abgesaugten Blute nährt
und mästet, ohne etwas zu leisten, dem es die „Ehre
der Arbeit" zuerkennen möchte.

Das Volk geht instinktiv von dem altgermanischen
Gefühl aus, dass das Landesgebiet nationales Vermögen
ist, dessen Früchte nur der Nation als solchen zu gute
kommen sollen, und es weigert sich instinktiv, andere
Quellen volkswirthschaftlicher Werthe als Boden und
productive Arbeit anzuerkennen; da es den Juden als
stammesfremden Gästen kein Anrecht an dem nationalen Bodenertrag zuerkennt, und sieht, dass dieselben
im Grossen und Ganzen die productive Arbeit scheuen,
so schliesst es daraus, dass von den Juden all ihr Besitz
auf unrechtmässigem Wege durch Ausbeutung der
Nation gewonnen worden sei. Jedes mit Juden geseg-
nete Volk bereut es deshalb tief und schwer, dass seine
Vorfahren den Juden eine Heimstätte gewährt haben,
und dass sie nicht gleich allen westeuropäischen Ländern im Mittelalter und der Reformationszeit sich dazu
entschlossen haben, die Juden wieder zu vertreiben;

jedes Volk hat den festen Glauben, dass es einen Akt restituirender Gerechtigkeit begeht, wenn es den Juden ihren Besitz fortnimmt, um ihn dem rechtmässigen Eigenthümer, d. h. der Nation, zurückzuerstatten, und dass es heute noch eben so befugt ist wie vor Jahrhunderten, gegen die Juden nationales Hausrecht zu üben, d. h. sie besitzlos, wie sie gekommen, aus dem Landesgebiet wieder hinauszuweisen.

Niemand, der in den modernen Rechtsanschauungen erwachsen ist, wird diese Volksmeinung theilen oder vertheidigen wollen, oder Gesetze für zulässig halten, welche mit rückwirkender Gültigkeit den Juden die einmal eingeräumte Staatszugehörigkeit oder das unter dem Schutz der Landesgesetze erworbene Eigenthum wieder raubten. Aber niemand, und die Juden am allerwenigsten, sollte auch die Augen verschliessen gegen die Thatsache eines ganz allgemeinen Hasses der Völker gegen die Juden und gegen dessen völkerpsychologische Begründung in einem instinktiven Rechtsgefühl, das sich mit souveräner Gewalt über alle positiven Satzungen der Gesetzesfabrikation am grünen Tische hinwegsetzt. Die wenigsten Juden ahnen, oder wollen zugeben, wie tief dieser Hass und Groll gegen die Bereicherung der Juden durch Ausbeutung in alle Schichten des Volkes hineingreift, auch in diejenigen Kreise, welche in ihrem Verdienst von jüdischer Capitalmacht abhängig und dadurch genöthigt sind, Philosemitismus zu heucheln. Wenn man den Juden mit

einem Blick zeigen könnte, auf wie unterhöhltem Boden
sie im deutschen Volke stehen, sie würden über ihre
Lage erschrecken und in sich gehen, um die Versöhnung
mit dem deutschen Volksbewusstsein zu suchen und Katastrophen vorzubeugen, welche auch den bestehenden
Rechtszustand schwerlich unerschüttert lassen könnten.
Und doch haben sie nur eines nöthig, um für alle
Ausbeutung der früheren Generationen wie der jetzigen
wenn nicht sofort, so doch in geschichtlich kurzer Frist
Indemnität bewilligt zu erhalten: sie müssen aufhören,
für die Wohlfahrt, Grösse, Macht und Herrlichkeit
des Judenthnms anstatt für diejenige der nationalen
deutschen Cultur zu ringen und zu streben; wenn sie
das thun, werden sie von selbst einen andern Massstab für die Schätzung des Werthes ihrer Thätigkeit
gewinnen und ganz unvermerkt die lohnendere aber
objektiv werthlosere oder schädlichere Geschäftigkeit mit
einer weniger lohnenden aber nationalökonomisch werth-
volleren und darum auch ehrenvolleren vertauschen.
In den Spitzen des Judenthums hat dieser Process bereits begonnen, ohne jedoch auch dessen Masse schon
anzugreifen; aber auch diese national gesinnten und
productiver Arbeit zugewandten Spitzen des Judenthums
können sich nicht darüber beklagen, in den Volkshass
gegen den Schmarotzerstamm als solchen mit einbe-
zogen zu werden, so lange sie an der Solidarität mit
dem Judenthum, und das Judenthum an der Solidarität
mit seinen unreellen, ausbeutenden Mitgliedern in ma-

terieller und moralischer Unterstützung festhält, anstatt
in die nationale Missachtung gegen dieselben mit ein-
zustimmen und sie von seiner Solidarität, wenn auch
nicht in religiöser, so doch in socialer Hinsicht, auszuschliessen. Freilich ist die Möglichkeit zu letzterem erst
dann gegeben, wenn es blos noch eine kleine Minderheit der Juden ist, die das unreelle Geschäft treibt;
während jetzt den soliden Ausnahmen nichts übrig
bleibt, als sich vom Judenthum selbst offen loszusagen,
wenn sie von der Solidarität mit dessen ausbeutenden
Elementen und der an dieselbe geknüpften Missachtung
loskommen wollen.

Bis jetzt will thatsächlich der Jude nur unter der
Bedingung auf den Handel verzichten, dass ihm ein
Beruf mit höherer geistiger Arbeit dafür eröffnet wird,
d. h. das Judenthum bleibt beim Geschäft, so weit es
ihm nicht gelingt, in die Aristokratie der Bildung über-
zugehen. Diese Bedingung ist aber für die deutsche
Judenschaft im Ganzen unerfüllbar, es sei denn, dass
das deutsche Volk einwilligt, sich von einer jüdischen
Aristokratie beherrschen zu lassen. Gerade in Deutschland ist das Angebot höherer geistiger Arbeit und der
Zudrang zu den fraglichen Berufsarten so übermässig
gross, dass dem deutschen Volk mit der jüdischen Concurrenz auf diesem Felde gar nicht gedient sein kann,
während die Lage bei den östlichen Nachbarvölkern
allerdings anders ist. Das Judenthum muss sich darein
finden lernen, auch in solcher productiven Arbeit, die

nicht rein geistig ist, seinen Beruf zu suchen, und so
lange es sich dazu nicht versteht, sondern in seiner
Masse dem Handel treu bleibt, wird die Klage wegen
Ausbeutung mit mehr oder minder Berechtigung fortbestehen. Die Schwierigkeit, welche darin liegt, die
zum Theil ursprüngliche, zum Theil erworbene Unan-
gemessenheit des Stammestypus an die productiven Berufsarten zu überwinden, soll dabei gar nicht verkannt
werden, aber sie darf auch nicht übertrieben und als
absolutes Hinderniss bezeichnet werden. Die Juden
brauchen ja nicht gleich Schmiede und Sackträger zu
werden; es giebt ja productive Arbeitszweige genug,
auch im Handwerk, welche zwar Einsicht und Hand-
fertigkeit, aber keine besondere Kraft erfordern, und
der Fortschritt der Maschinenindustrie nimmt ja den
Menschen mehr und mehr den Kraftaufwand ab und
verwandelt alle mechanische Arbeit in zunehmendem
Masse in geistige. Dass die Juden im Ganzen geradezu als arbeitsscheu erscheinen in Bezug auf alle productive Arbeit, welche sie nicht gleich in die höheren
Gesellschaftsschichten einführt, darin sehe ich keinen
Mangel der ursprünglichen Veranlagung; denn es bedarf
nicht zweier Erklärungsgründe, wo einer ausreicht, und
mir scheint der eine ausreichend, dass die ausbeutende
Thätigkeit bis jetzt noch lucrativer ist als productive
Arbeit, und kein Nationalgefühl sie hindert, die Wirthsvölker auszubeuten.

Hätten diejenigen Juden, welche jede Ausbeutung der

9

Wirthsvölker durch den jüdischen Stamm leugnen und
die bezüglichen Vorwürfe lediglich für Auswüchse eines
verblendeten Antisemitismus erklären, Recht, so wäre
das eine sehr traurige Prognose für die Zukunft des
Judenthums, da hiermit die Aussicht auf Versöhnung
und Frieden in eine Ferne gerückt würde, wo die religiöse und ethnologische Differenz verschwunden sein
wird, und der Krieg und Hass zwischen beiden Theilen
bis dahin in Permanenz erklärt würde. Wenn es dagegen wahr ist, dass die Juden bisher mehr oder minder
Ausbeutung getrieben haben, und der grösste Theil des
Judenhasses so wie die Erbitterung seines Ingrimms
wesentlich auf diese Ausbeutung als auf seine mäch-
tigste Ursache zurückzuführen ist, so bleibt die Hoffnung
gerechtfertigt, dass auch trotz des Fortbestandes ethno-
logischer und religiöser Differenzen doch ein freundliches
Verhältniss zwischen beiden Theilen möglich sei, sobald
nur die Juden einsehen, dass sie mit der Theilnahme an
der nationalen Arbeit das bessere Theil erwählen, und
die Wirthsvölker einsehen, dass sie bloss ihre Erziehung
zu wirthschaftlicher Reife energischer zu betreiben
brauchen, um allen Ausbeutungsversuchen den Boden
zu entziehen. Deshalb erscheint es für den Frieden und
die Aussöhnung weit dienlicher, wenn die Juden die mit
der Ausbeutung der Wirthsvölker contrahirte Schuld
gegen deren Nationalwohlstand offen anerkennen, und
fernerhin um so eifriger bemüht sind, den so in ihre
Hände gespielten Theil des Nationalvermögens nicht mehr

im Sonder-Interesse des Judenthums, sondern im nationalen Interesse der Wirthsvölker zu verwenden. Die Tilgung dieser materiellen Schuld muss Hand in Hand gehend, mit der Tilgung der früher besprochenen ideellen Schuld, die mit der Annahme der Emancipation contrahirt ist; nichts kann mehr dazu beitragen, das Nationalgefühl zu stärken, als die Theilnahme an der nationalen productiven Arbeit, und nichts kann ein stärkeres Motiv sein, den gewinnsüchtigen Erwerb mit volkswirthschaftlich werthvoller Arbeit zu vertauschen, als der Ersatz des Stammesgefühls durch das Nationalgefühl.

Nichts kann dagegen den Judenhass des Volkes mehr verschärfen und verbittern, als wenn dasselbe sehen muss, dass der ihm aus den Händen gespielte Theil des Nationalvermögens als Machtmittel im Kampfe verwendet wird, also einerseits dazu, die im Kleinen begonnene Ausbeutung in immer grösserem und grossartigerem Stile fortzusetzen, und andrerseits dazu, im Kampf beider Parteien die schlechtere Sache zur besseren zu machen, z. B. die politische Gesetzesfabrikation im jüdischen Interesse zu fördern, die öffentliche Meinung über das Judenthum zu verwirren und ihren Ausdruck durch die Presse zu fälschen, die wächserne Nase der Justiz (besonders in den östlichen Ländern) zu drehen, in's Unglück gerathenen Ausbeutungs-Virtuosen wieder aufzuhelfen und sie gegen die nationale Verachtung in Schutz zu nehmen u. s. w. Das Volk hat dabei das Gefühl wie eine Truppe, die aus den ihr durch Verrath

9*

und List entwendeten Kanonen beschossen wird, und fühlt sich immer gereizt, dieselben mit stürmender Hand zurückzuerobern, obwohl seine Officiere ihm befehlen, Gewehr bei Fuss die Beschiessung auszuhalten. Durchbricht dann doch einmal stellenweise die elementare Gewalt des Volksgefühls die anerzogene Subordination, so verleugnet die unter jüdischem Einfluss stehende Presse für solche völkerpsychologische Erscheinungen jedes Verständniss, kennt keine Erklärung als gemeinen Neid oder habgierige Plünderungssucht, und kein Heilmittel als Verschärfung der Subordination und der zum Schutze der Juden dienenden Gesetze. Eine kleinste Spur jüdischer Selbsterkenntniss, eine Ahnung von dem natürlichen Zusammenhang, dass ein überspannter Bogen bricht, würde man in dieser gesammten Presse ebenso vergeblich suchen, wie ein Wort zur Milderung der Gegensätze; das heutige Judenthum, wie es sich in der philosemitischen Presse spiegelt, gleicht noch immer dem Shylock, der auf seinem Schein besteht und keine Vernunftgründe gelten lässt, und eben dadurch macht es den Judenhass des Volkes nur grösser und allgemeiner.

9. Mittel der Abwehr.

Wie schon in der Einleitung bemerkt, liegt in diesem ableugnenden und beschönigenden Verhalten des Judenthums der Hauptgrund zum Wiederaufleben des niemals ganz erstorbenen, sondern nur zeitweilig

von der Oberfläche zurückgetretenen Antisemitismus.
Der Antisemitismus übertreibt die nationale Gefahr ebenso, wie das Judenthum sie verleugnet, und verkennt den
zweiseitigen Umschwung in unserem Entwickelungs-
process, durch welchen von selbst die Judenfrage ge-
mildert und beseitigt wird: erstens die Nationalisirung
und Entjudung der Juden und zweitens die zunehmende
wirthschaftsiche Reife der Wirthsvölker, welche jede
Versuchung zur Ausbeutung von dem Augenblick an
wegfallen lässt, wo die productive Arbeit bei gleichem
Aufwand von Intelligenz und Mühe lohnender wird als
die ausbeutende Thätigkeit. Wenn das deutsche Volk
behaupten wollte, dass es bei der jetzt den Juden ein-
geräumten wirthschaftlichen Freiheit unfähig sei, sich
gegenüber einer Minderheit von $1^1/_3$ Procent gegen
wirthschaftliche Knechtung zu wehren, so würde es
damit sich selbst ein so furchtbares Armuthszeugniss
ausstellen, dass man aus unbefangenem culturgeschichtlichen Gesichtspunkt darauf nur noch mit der Erklärung
antworten könnte, ein so inferiores Volk verdiene gar
kein andres Schicksal, als zur wirthschaftlichen Knecht-
schaft unter einer überlegenen Race herabgesetzt zu
werden und unter deren Leitung seine wirthschaftlichen
Kräfte für den Culturprocess ausnutzen zu lassen. Je
deutlicher das deutsche Volk die ihm drohende Gefahr
erkennt, desto energischer soll es sich zusammenraffen,
um aus seinem wirthschaftlichen Schlendrian herauszu-
kommen und mit den Juden in den Vorzügen zu wett-

eifern, welche allein ihnen die wirthschaftliche Kraft zur Ausbeutung verleihen, nämlich Mässigkeit, Enthaltsamkeit, Sparsamkeit, Häuslichkeit und Familiensinn.

Es ist ein echt deutscher Kleinmuth, Mangel an Selbstvertrauen und Unbehilflichkeit, dass man an seiner Fähigkeit, sich im Wege der Selbsthilfe der $1\frac{1}{3}$ Procent Juden zu erwehren, verzweifelt, nach der Hilfe der Gesetzgebung schreit und wo möglich von dieser allein die Rettung verlangt, anstatt durch energischere Inangriffnahme der Selbsterziehung den Eintritt der wirthschaftlichen Reife zu beschleunigen; zugleich wird dabei der Gesetzgebung eine Macht beigelegt, die ihr thatsächlich in dem vorausgesetzten Masse nicht innewohnt. Der Wucher gedeiht trotz aller Wuchergesetze und der Börsenschwindel wird durch keine Börsensteuer oder Actiengesetzgebung jemals gänzlich aufgehoben werden, so lange die gewinnsüchtigen Dummen nicht alle werden; das unsolide Geschäft findet immer wieder neue Mittel und Wege zur Gesetzesumgehung und hat dabei einen moralischen Rückhalt an den Sympathien auch der soliden Handelswelt, die durch alle Einschränkungen des Geschäftsverkehrs immer auf das schwerste mit betroffen wird. Andrerseits ist nicht zu bestreiten, dass die Gesetzgebung einer von den Faktoren ist, welche bei der Erziehung der Völker zusammenwirken, dass sie als solcher der sorgfältigsten Pflege bedarf, und dass selbst unwirksame Gesetze unter Umständen nützlich sein können, wenn sie dem Rechtsgefühl des Volkes durch ihre Existenz

wenigstens eine moralische Genugthuung und Kräftigung
gewähren. So kann auch eine Erschwerung der Zeit-
geschäfte durch hohe Besteuerung von Nutzen sein,
vorausgesetzt, dass sie erstens international zur Durchführung gelangt, zweitens die Lieferungsgeschäfte über
noch nicht existirende Waaren oder Effekten und diejenigen über schon existirende auf eine die muth-
massliche Transportdauer nicht übersteigende Frist
nicht mit umfasst. Wirksamer als alle Wuchergesetze
werden sich zur Einschränkung des Wuchers solche
Gesetze erweisen, welche der mangelnden wirthschaftlichen Reife des Volkes durch Versicherungszwang päda-
gogisch nachhelfen und damit durch gleichmässigere
zeitliche Vertheilung des nationalen Lohnertrags die Noth-
stände beseitigen, welche bisher das Volk zur Aufsuchung
des Wuchercredits zwangen; es ist daher auch ganz be-
greiflich, dass im jüdischen Sonderinteresse alle Hebel
in Bewegung gesetzt worden sind, um das Zustandekommen solcher Gesetze zu verhindern.

Manche Förderung könnte die Gesetzgebung dem
Kampf der Ausgebeuteten gegen die sie ausbeutende
unreelle Geschäftsthätigkeit gewähren, z. B. wenn die Car-
telle zur Vereitelung der Versteigerungen unter Strafe gestellt würden; aber wichtiger als solche vereinzelte Straf-
bestimmungen und wichtiger als die Erschwerungen des
Gewerbebetriebs im Umherziehen, wäre eine Abänderung
der deutschen Civilprocessordnung, welche die Vereitelung
der Execution bei kleinen Handelsleuten durch vorher-

gehende Beschlagnahme auf Grund fingirter Schulden
oder zu Gunsten nahestehender Gläubiger so sehr erleichtert. Der Werth aller in dieser Hinsicht denkbaren
Gesetze würde freilich übertroffen werden, wenn es ge-
länge, auf dem Wege der Gesetzgebung in Verbindung
mit der Vereinsthätigkeit (nach dem Vorbild der hol-
ländischen und schwedischen Gesetze und des Gothen-
burger Systems), oder auch durch ein den Preis des
Branntweins verfünfzehnfachendes Spiritusmonopol der
Trunksucht des Volkes zu steuern. Kein Opfer der
Grossgrundbesitzer in Bezug auf die Branntweinbrennerei
würde zu gross sein, um nicht indirect selbst für diesen
Stand lohnend zu erscheinen; das Volk aber würde im
Laufe einer einzigen Generation durch solche Massregeln
auf eine ganz andere Culturstufe gehoben und zum
Wettstreit mit jüdischer Mässigkeit befähigt werden.

Alle solche Gesetze sind gar keine Gesetze gegen
die Juden, sondern solche gegen unreelle Geschäftsthätigkeit, gegen Gesetzesumgehungen und gegen Unmässigkeit; dass aber fast ausschliesslich die Juden und
ihre Klientel über solche vorgeschlagene oder in Kraft
getretene Beschränkungen so lautes Klagegeschrei erheben, beweist zur Genüge, wer sich von solchen Massregeln in seinen Sonderinteressen unangenehm betroffen
fühlt. Gegen die Juden als solche sind gesetzliche Massregeln gar nicht denkbar, so lange nicht ihre Anerkennung als gleichberechtigte Staatsbürger wieder aufgehoben wird. Höchstens erschwerende Massregeln gegen

die Einwanderung ausländischer Juden, zu denen übrigens die Verwaltungsbehörden keiner besonderen Gesetze weiter bedürfen, könnten in dieser Hinsicht in Betracht kommen. Wären die deutschen Juden mehr deutsch als jüdisch gesinnt, oder wäre ihr jüdisches Interesse auch nur auf das Wohl der deutschen Judenschaft beschränkt, so könnten sie derartige Massregeln, wie oben gezeigt, nur mit lauter Freude begrüssen; dass ihre Wortführer in der liberalen Presse solche Anläufe der Vorschläge als einen Schlag in's Gesicht des Judenthums auffassen, beweist leider, dass noch immer die internationale Stammessolidarität des Judenthums ihnen höher steht als das Wohl der deutschen Judenschaft, geschweige denn als die Wohlfahrt der deutschen Nation.

Von antisemitischer Seite ist der Vorschlag gemacht worden, der jüdischen Coalition zur Volksausbeutung eine wirthschaftliche Cralition aller Nichtjuden entgegenzustellen und die Juden dadurch aus dem Lande zu treiben, oder zur productiven Arbeit zu zwingen, dass man sie aushungert, indem man ihnen keinerlei Verdienst durch Geschäftsabschlüsse zuwendet. Wenn es Thatsache ist, dass die jüdisch gesinnten Juden ihre Stammesgenossen und die Nichtjuden in ihrer Geschäftspraxis mit zweierlei Mass messen, so begeben sie sich damit des Rechtes, zu erwarten, dass die Nichtjuden sich selbst und die Juden mit einerlei Mass messen sollen; wenn die Juden mit ihres Gleichen eine Ausnahme machen, insofern sie auf Ausbeutung verzichten,

so können sie sich nicht beklagen, wenn auch die Nichtjuden mit ihres Gleichen eine Ausnahme machen, indem
sie es vorziehen, den Handelsverdienst diesen, und nicht
den Juden zuzuwenden. Wenn alle Nichtjuden darüber
sich einigten, ihre Producte nur noch an Nichtjuden zu
verkaufen, und ihren Bedarf nur noch von Nichtjuden
zu beziehen, so würden sich sehr rasch nichtjüdische
Händler auch für solche Geschäftszweige finden, welche
sie jetzt vermeiden, um nicht durch die jüdische Concurrenz zum Wettstreit in unreellen Geschäftspraktiken
gezwungen zu werden. Da Jedermann zweifellos die
volle Freiheit besitzt, zu kaufen, bei wem er will, und
zu verkaufen, an wen er will, so würden die Juden den
Nichtjuden nichts vorzuwerfen haben; sie könnten sich
nur revanchiren, indem sie auch ihrerseits nur ihres Gleichen
etwas zu verdienen gäben, ein Zustand, der, so weit er
durchführbar ist, von dem thatsächlich bestehenden nicht
weit abweicht.

Das jüdische Capital müsste doch nach wie vor
irgend welche Anlage suchen, ja es würde sogar um
so dringlicher nach Anlage suchen, je mehr ihm
das Anlagegebiet im jüdischen Geschäftsverkehr mit
Nichtjuden entzogen würde. Wenn z. B. Niemand
mehr eine Zeitung (gleichviel welcher politischen Richtung und gleichviel von wem verfasst) kaufte, die
einen Gewinnüberschuss in die Taschen jüdischer Besitzer leitet, so würde das im Zeitungswesen investirte
jüdische Capital eine andere Anlage suchen müssen,

und so auf allen Gebieten. Das jüdische Capital hätte dann neben der Anlage in Hypotheken und Fonds nur noch die Wahl, ausser Landes zu gehen, oder sich in productiven Anlagen zu investiren, da das für den Geschäftsbetrieb innerhalb der Judenschaft erforderliche Capital sehr gering wäre; die Juden selbst aber hätten ebenfalls nur die Wahl, auszuwandern, oder sich der productiven Arbeit zuzuwenden, da die für den Geschäftsbetrieb innerhalb der Judenschaft erforderliche Personenzahl nur sehr klein wäre. Das Endergebniss einer solchen Massregel wäre also entweder Auswanderung der Juden sammt ihrem Capital, oder Uebergang beider vom Handel zur productiven Arbeit. oder theils das eine, theils das andre.

Liesse sich die Massregel in allen Ländern, wo Juden sind, durchführen, so fiele die Auswanderung weg, und es bliebe nur übrig, dass durch dieselbe der Uebergang des Judenthums zur productiven Arbeit erzwungen würde. Dieses Ergebniss liegt ohne Zweifel auch im wohlverstandenen Interesse des Judenthums, und selbst wer diess bestreitet, muss einräumen, dass in ihm ebensowenig Härte oder Grausamkeit zu finden ist, als dem vorgeschlagenen Wege Verletzung juridischer oder moralischer Rechte vorzuwerfen ist; denn es wird den Juden durch solche Massregel weder etwas an ihrem Eigenthum, noch an dessen Zinsgenuss oder gewerblicher Fructification geschmälert, und bloss die Möglichkeit abgeschnitten, ihr Capital im Handel mit Nichtjuden auszunützen. Das Ziel ist dasselbe, welches auch wir anstreben: der Friede durch Verschmelzung, und der Weg ist zwar ein wirthschaftlicher Kampf, aber ein berechtigter, rein defensiver Kampf, eine Abschliessung gegen die bisher geduldete Ausbeutung, ein bloss negativer Akt wirthschaftlicher Nothwehr und Selbstbehauptung.

Ohne Zweifel würde dieser Weg auch für die Nichtjuden seine Unbequemlichkeiten haben, namentlich während der Uebergangszeit, wo sich erst eine Menge nichtjüdischer Kaufleute und Händler zu etabliren hätten, um dem Bedarf zu genügen. Mag es auch jetzt wahr sein, dass in der gegenwärtigen Sachlage bei noch bestehender jüdischer Concurrenz die Preise bei gleichen Waaren in jüdischen und nichtjüdischen Geschäften sich gleichbleiben und ein Plus an jüdischer Coulanz durch ein Minus an Reellität aufgewogen wird, so würden die nichtjüdischen Händler nach ausgesprochenem Wegfall der jüdischen Concurrenz es schwer über's Herz bringen, das ihnen thatsächlich eingeräumte Monopol nicht durch eine Preiserhöhung auszunützen, und die jüdischen Händler würden es nicht unversucht lassen, durch zeitweilige Preisermässigung die verlorenen Kunden zurückzuerobern. Wenn indess die Nichtjuden diese Versuchung überstehen und zu dem Opfer höherer Uebergangspreise bis zur Herstellung einer ausreichenden nichtjüdischen Concurrenz bereit sind, um durch dieses Opfer die Judenfrage gründlich und für immer zu lösen, so müssen

die Juden zugeben, dass das allein eine Sache der
Nichtjuden ist, und dass sie die Abwägung der wirthschaftlichen Vortheile und Nachtheile den Betheiligten
überlassen müssen, da ihre etwaige Meinungsäusserung
über diesen Punkt denn doch zu wenig den Anschein
der Unbefangenheit besitzen würde.

Das Gleiche gilt für die Frage, ob der eventuelle
Capitalverlust durch Anlage desselben im Ausland für
den Nationalwohlstand schwerer wiegen würde, als der
Gewinn durch Beseitigung der nationalen Gefahr einer
jüdischen Aristokratie. Hierbei ist zu berücksichtigen,
dass von einer Auswanderung des Capitals in grösserem
Massstabe doch nur in dem höchst unwahrscheinlichen
Falle die Rede sein könnte, dass die fragliche Massregel nur in einem einzigen Lande, in diesem aber bis
zu ihren letzten Consequenzen zur Durchführung ge-
langte; denn wenn alle Staaten die gleiche Massregel
durchführten, so würde die Auswanderung ebenso unmöglich, wie sie bei einer bloss unvollständigen Durchführung in einem Lande überflüssig würde. Aber selbst
wenn die Aushungerung des jüdischen Handels in bloss
einem Staate, und in diesem vollständig, durchgeführt
würde, so würde doch nur ein verhältnissmässig kleiner
Theil des jüdischen Capitals auswandern; denn erstens
ist schon jetzt ein grosser Theil des jüdischen Capitals in anderen als Handelsunternehmungen investirt,
zweitens würde von dem jetzt im jüdischen Handel
steckenden Capital nur der nicht dem innerjüdischen

Handel dienende Theil flüssig werden, drittens würde
von diesem flüssig werdenden Theil wieder ein beträcht-
licher Theil die Anlage in andern inländischen Unternehmungen oder Anleihen der Auswanderung vorziehen.
In ausländischen Börsenwerthen ist ja schon jetzt ein
erheblicher Vermögensbestandtheil der deutschen Judenschaft angelegt, und dieser Theil könnte sich in solchem
Falle um etwas vermehren; aber in ausländische Privat-
unternehmungen würden die deutschen Juden schwerlich ihr Geld stecken wollen, wenn sie sich nicht
gleich entschlössen, selber mit auszuwandern. Diesen
Entschluss werden sie sich aber siebenmal überlegen.
Denn in östlichen Ländern, wo sie ihre Ausbeutung
fortsetzen könnten, würden sich die reichen und wohl-
habenden deutschen Juden schwerlich jetzt noch wohl
fühlen, auch würden sie ihren schon allzu zahlreich daselbst vertretenen Stammesgenossen wenig willkommen
sein; in westlichen Ländern aber begegnen sie Völkern,
die dem deutschen an wirthschaftlicher Reife überlegen
und zum Theil dem jüdischen an geschäftlicher Ge-
riebenheit und Durchtriebenheit ebenbürtig sind, so dass
sie dort schlechte Chancen für die Fortsetzung ihrer
Ausbeutung haben. Wenn sie sich aber der productiven
Arbeit zuwenden wollen, so haben sie wiederum keinen
Grund mehr zur Auswanderung, da sie diesen Entschluss unter besserer Anpassung an die Verhältnisse
auch in der Heimath ausführen können. Der Abfluss
an jüdischem Capital würde also auch im schlimmsten

Falle nicht sehr beträchtlich sein: er würde sich ferner
sehr allmählich vollziehen nach Massgabe des allmählichen
Umsichgreifens der Aushungerung des jüdischen Handelsstandes, und er würde endlich bald durch Rück-
fluss von jüdischem Capital ausgeglichen oder überwogen
werden, sobald das deutsche Vorbild in andern Ländern
Nachahmung fände.

Hieraus erhellt, dass der schlimmsten Falls zu
fürchtende Abfluss jüdischen Capitals nicht so erheblich ausfallen würde, um nicht während seines allmählichen Eintritts auch schon durch das natürliche Wachs-
thum des nationalen Capitalvermögens gedeckt zu
werden, und dass dieser materielle Verlust keinenfalls
in Betracht kommen könnte, wenn er der Preis wäre,
um den allein die nationale Ehre und Freiheit gegenüber einer überwuchernden jüdischen Geldaristokratie
gewahrt werden könnte. Am allerwenigsten braucht
das Volk sich davon schrecken oder in seinen Ent-
schliessungen irgendwie bestimmen zu lassen, wenn die
Juden drohen, jeden particllen und lokalen Verkehrsab-
bruch mit einer allgemeinen Capitalauswanderung be-
antworten zu wollen; denn die Juden wissen viel zu gut,
wer dabei den grösseren Schaden haben würde, und
sind viel zu sehr auf ihren Vortheil bedacht, als dass sie
erwarten können, derartige Drohungen ernsthaft genommen zu sehen. Andrerseits haben sie aber auch
ganz Recht, wenn sie vorläufig die Eventualität einer
allgemeinen Aushungerung des jüdischen Handelsstandes

nicht fürchten, weil die zu einer solchen Massregel
erforderliche Einigkeit und Beharrlichkeit in einem
ganzen Volke viel zu schwer zu erreichen ist, als dass die
jetzige Sachlage danach angethan wäre, sie hervorzurufen.
Dagegen haben sie Unrecht, wenn sie auch für die
Zukunft diese ultimo ratio populi für unmöglich halten,
falls die Capitalmacht der jüdischen Plutokratie weiter
wachsen sollte, ohne dass die Juden ihre moralischen
Verpflichtungen gegen die deutsche Nation erfüllen, und
sie haben ferner Unrecht, wenn sie derartige Massregeln
auf lokal beschränktem Gebiet, z. B. in einzelnen Städten
mit einem dominirenden jüdischen Handelsstand, für un-
ausführbar halten, insbesondre da, wo die nichtjüdische
Concurrenz neben dem jüdischen Handel noch besteht
oder schon aufgetaucht ist. Solche lokale antisemitische
Geschäftssperren werden zweifellos in nicht zu langer
Frist eintreten, wenn die jüdische Ueberhebung, Ausbeutung und Ableugnung des Thatbestandes noch länger
in der bisherigen Weise fortdauern, wenn mit andern
Worten die Juden nicht rechtzeitig in sich gehen, das
Stammesgefühl mit dem Nationalgefühl und das unreelle
Geschäft mit der productiven Arbeit vertauschen. Das
Ergebniss solcher lokaler Aushungerungen kann nur
das sein, erstens die Juden von ihrer für alle Theile
nachtheiligen Zusammendrängung auf einzelne Oertlich-
keiten zu grösserer Zerstreuung im deutschen Reich und
zweitens vom Handel zur productiven Arbeit hinüberzu-
führen. Dieses Ergebniss ist schliesslich für die Juden

ebenso vortheilhaft wie für die deutsche Nation; aber
wenn es ihnen auf diesem Wege aufgezwungen werden
müsste, so könnte das nicht ohne bedeutende Verluste
für das in diesen Orten im Handel angelegte jüdische
Capital abgehen. Die Juden thun daher in jedem Sinne
klüger, wenn sie selber freiwillig dieses Ziel anstreben
und sich die Erschütterungen ersparen, die unvermeidlich sind, wenn sie das deutsche Volk zu solcher Nothwehr treiben.

Es schien mir nöthig, diese Perspective klar zu
stellen, weil dieselbe ebenso geeignet ist, die Antisemiten
in ihren patriotischen Beklemmungen zu trösten, wie die
Juden vor hartnäckigem Verharren auf falschen Wegen
zu warnen und sie aus etwaigen Träumen von künftiger
Weltherrschaft zu ernüchtern. Aber so nützlich es ist,
dass diese Perspective auf ein letztes Mittel erfolgreicher
Abwehr offen steht, so wenig kann ich es für richtig
halten, diese Massregel für die gegenwärtige Lage in
Deutschland zu empfehlen und auf die Organisation
einer antisemitischen Geschäftssperre hinauszuarbeiten.
Meine Gründe für diese Ablehnung sind folgende:

Erstens wäre der Friede, welcher aus solchem
antisemitischen Strike der Consumenten und Producenten
hervorgehen würde, keine ungetrübte Versöhnung und
Verschmelzung zu einer einheitlichen Nation; denn es
würde innerhalb der Nation die schroffe wirthschaftliche
Scheidung zwischen jüdischem und nichtjüdischem Ge-
schäftskreise bestehen bleiben, welche die feindliche

Spannung zwischen beiden Theilen aufrecht erhalten
würde. Zweitens würde dieser Weg zum Frieden, so
weit er auf demselben erreichbar ist, ein Weg des wirthschaftlichen Kampfes sein, in dem Sinne, wie jeder
Strike ein Kampf ist, und würde deshalb die Feind-
seligkeit und Verbitterung auf beiden Seiten in solchem
Masse steigern, dass sie die Herstellung des neuen
Gleichgewichts noch lange überdauern und der inner-
lichen Verschmelzung zu einer ungetheilten Nation die
schwersten Hindernisse bereiten würde; so lange man
aber die Erwartung festhalten darf, dass die volle Versöhnung auf friedlichem Wege zu erreichen ist, verdient
dieser entschieden den Vorzug. Drittens ist die für das
Zustandekommen eines einmüthigen wirthschaftlichen
Widerstandes gegen den jüdischen Handel erforderliche
Organisation nicht zu schaffen ohne eine lange dauernde
antisemitische Agitation, bei welcher, wie bei jeder
praktischen Agitation, über das Ziel hinausgeschossen
und alle dem Judenthum feindlichen Volksleidenschaften
entfesselt werden müssen; dies wäre aber im Interesse
der Sittlichkeit und der Würde der Nation entschieden
zu bedauern, und es ist besser, die demoralisirenden
Wirkungen des Krieges, wenn möglich, zu vermeiden.
Viertens würde eine ebensogut gegen den soliden und
reellen wie gegen den unsoliden und unreellen Handel
gerichtete Sperre dem Judenthum die pädagogische
Hilfe bei seiner Umwandlung entziehen, welche das
Volk ihm dadurch zu gewähren vermag, dass es nur

den unsoliden und unreellen Geschäftsleuten seine Kund-
schaft entzieht, sie den soliden und reellen aber belässt;
denn es wäre schon viel damit gewonnen, wenn man die
Juden nur erst zwingen könnte, bei ihrem Handel streng
reell zu sein und auf alle schwindelhaften Geschäftspraktiken zu verzichten, und eine allgemeine Geschäftssperre gegen die Juden wäre für deren wirthschaftliche
Erziehung ebenso nachtheilig, wie eine allgemeine gesellschaftliche Ausschliessung für ihre gesellschaftliche
Erziehung. Fünftens darf man nicht vergessen, wie
schwer es für einen so eigenartigen und zähen Stamm
ist, völlig umzulernen in seinen Anschauungen, Gefühlen,
Gewohnheiten, Sitten, Neigungen und Fertigkeiten, und
dass es eine Forderung der Nächstenliebe ist, Nachsicht
und Geduld zu haben mit einer vor diese schwere Aufgabe gestellten Minorität, so lange man die Anzeichen
eines wenn auch langsamen Fortschritts in dieser Um-
bildung nicht vermisst. Es ist nicht eine Forderung
des positiven juridischen Rechts, nicht einmal eine
Forderung des moralischen Rechtsgefühls, sondern lediglich eine Aeusserung langmüthiger Menschenliebe,
welche auf Verlängerung der den Juden zum Umlernen
zu stellenden Frist drängt, und die Juden sollten sich
wohl hüten zu verkennen, auf wie schwachen Füssen
im Völkerleben eine Geduld steht, die bloss auf Nächstenliebe fusst. Sollten die Juden fortfahren, die von der
Nachsicht der Wirthsvölker gewährte provisorische Frist
zur Umwandlung für ein ihnen zustehendes definitives

10*

Recht zu halten, so würden sie es ganz allein sich selbst
zuzuschreiben haben, wenn dem Volke die Geduld risse,
und die antisemitische Bewegung einen systematischen
wirthschaftlichen Kampf gegen das Judenthum organisirte.

Will man die Versöhnung auf friedlichem Wege
fördern, so müssen alle Massregeln vermieden werden,
welche gegen die Juden als solche gerichtet sind, weil
solche den gehässigen Charakter von Ausnahmemassregeln an sich tragen, und muss die Selbsthilfe des
Publicums ebenso wie die Gesetzgebung sich nicht gegen
Personen, sondern gegen die Handlungsweise von Personen, gleichviel welchen Glaubens und Stammes, richten. Nicht die Juden müssen von der Abwehr des
Publicums getroffen werden, sondern die „jüdische"
Praxis, gleichviel ob sie von Juden oder Nichtjuden
ausgeübt wird; damit hört einerseits alle Gehässigkeit
solcher Selbsthilfe auf und wird andererseits eine wirk-
same sociale Erziehung geübt. Die wichtigsten Regeln für
eine wirthschaftliche Selbsthilfe des Publicums sind folgende:

1) Niemand darf seine ganze Einnahme verbrauchen,
sondern muss eine Reserve legen, die bei sicherer Einnahme mindestens 10 Procent, bei unsicherer Einnahme
entsprechend mehr betragen muss; dies ist die einzige
Möglichkeit, um beim unabwendbaren Eintritt unvorhergesehener Ausgaben dem Wucher zu entrinnen.
Für die Bevölkerungsclassen mit dürftigem Einkommen,
für welche die Versuchung, alle Einnahme aufzuzehren,
allzugross ist, muss die Rücklegung der Reserven in Gestalt

obligatorischer Lohn- oder Gehaltabzüge für alle nothwendigen Arten der Versicherung durch Gesetz geregelt sein.

2) Niemand soll irgend welches, wenn auch noch so verlockende Geschäft mit einem Geschäftsmann abschliessen, dessen Unreellität er erfahren hat, auch dann nicht, wenn der Betreffende für gewöhnlich ein reelles Geschäft treibt und sich nur gelegentlich und nebenbei auch mit unreellen Geschäften befasst. Als unreell gekennzeichnet ist jeder Händler, welcher dem Kunden für die von demselben empfangenen oder später zu liefernden Waaren Credit aufdrängen will, oder dessen Geschäft von vornherein auf Waaren-Credit basirt (Abzahlungsgeschäfte); denn aller aufgedrängte Credit ist Wuchercredit. Als unreell gekennzeichnet ist ferner jedes Ladengeschäft, das keine festen Preise hat.

3) Niemand soll für Zahlungsverpflichtungen seine persönliche Ehre einsetzen; denn so weit keine unvorhergesehenen und unabwendlichen Hindernisse an der Erfüllung hindern, ist die Ehre durch die geleistete Unterschrift ohnehin engagirt. Wenn man zum Zweck augenblicklicher Crediterlangung seine Ehre auf das Spiel setzt, durch den Eintritt unvorhergesehener Zwischenfälle vernichtet zu werden, so handelt man ebenso ehrlos, als wenn man Rückzahlung verspricht, ohne zu wissen, wo man sie hernehmen wird, oder als wenn man sich durch schuldvolle Fahrlässigkeit in die Lage bringt, sein Rückzahlungsversprechen nicht erfüllen zu können. Nur wenn die Officier- und Studenten-

kreise sich diesen Grundsätzen gemäss verhalten, kann der Wucher auf Ehrenscheine in seiner Wurzel ausgerottet werden.

4) Niemand soll vom Händler Vorschüsse auf zu liefernde Waaren oder Credit auf empfangene Waaren beanspruchen, sondern jeder soll sein etwaiges Creditbedürfniss an einer andern Stelle befriedigen als bei den Händlern, mit denen er Kauf- oder Verkauf-Geschäfte abschliesst. Wenn jeder seine Einkäufe baar bezahlt und für seine Verkäufe erst bei der Lieferung Geld annimmt, so fällt der Preisaufschlag der Risicoprämie weg, zu welcher der Händler genöthigt ist, um sich gegen Zahlungsunfähigkeit der Kunden bei sich selbst zu versichern, d. h. die Waare wird um diese Risicoprämie beim Einkauf billiger, beim Verkauf besser bezahlt. Wenn der Zwischenhändler alle Waare baar bezahlt bekommt und keinen Credit an die Kunden zu geben braucht, so hat er auch keinen Credit nöthig und kann selber vom Grosshandel gegen baar, d. h. entsprechend billiger beziehen; es fallen also, wenn das Publicum nur noch gegen baar kauft, alle Risicoprämien hinweg, die sich durch alle Glieder des Handelsweges hindurch erstens addiren und zweitens potenziren, insofern jeder Händler seine Provision als Procentsatz des von ihm gezahlten Preises, also mit Einschluss von allen vorhergehenden Risicoprämien und deren Aufschlägen berechnet. Wenn jedermann mit Reserven wirthschaftet (nach der ersten Regel), so hört jeder Anlass zum

Waarencredit für das Privatpublicum auf; für solide wirthschaftende Producenten aber giebt es schon jetzt andere Quellen des Credits (für bezogene Rohstoffe und zu liefernde Producte) als beim Händler, insoweit es sich um solide, d. h. zum Betriebscapital im richtigen Verhältniss stehende Credite handelt. Es bleibt die Aufgabe bestehen, auf fortschreitende Erleichterung und Verbilligung des Credits hinzuwirken (durch Vorschussvereine, Verbesserung des Bankwesens u. s. w.), aber immer nur innerhalb der Grenzen, dass kein Anreiz zur unsoliden Creditbenutzung dadurch geboten wird.

5) Jeder Lieferant soll sein Geschäft so verstehen, dass er den Preis der Waare und die Frist, innerhalb deren er sie liefern kann, zu berechnen weiss, und soll Preis und Lieferungsfrist selbst mit Opfern innehalten, um den Ruf seiner Reellität zu behaupten. Die deutschen Handwerker besonders haben darin noch viel von den Amerikanern zu lernen, und dürfen sich nicht wundern, wenn das Publicum lieber seine Waaren theurer in den Magazinen der capitalistischen Händler einkauft, als dass es sich durch ihre Unpünktlichkeit und ihre nachträglichen Mehrforderungen krank ärgern lässt.

6) Jedermann soll auf möglichst stabile Anlage seines Capitalvermögens bedacht sein und jede gewinnsüchtige Speculation, die nicht durch seinen Specialberuf unbedingt gefordert wird, meiden. Insoweit eine Werthsteigerung des immobilen und mobilen Besitzes im Laufe

der Zeit eintritt, kann der Einzelne auch bei stabiler
Anlage ohne Besitzwechsel an derselben theilnehmen;
jeder Versuch über diese Grenze hinaus privatwirthschaftliche Vortheile durch öfteren Besitzwechsel zu er-
ringen, bereichert nur die Händler, Commissionäre und
Agenten (theils durch Abschöpfung des Fetts im Zwischenhandel, theils durch die verdienten Provisionen), verwandelt einen Theil des Capitalvermögens der Nation
in Stempelsteuer, die im Staatsbudget eines Jahres ver-
zehrt wird, und erzeugt, auch abgesehen von diesen
Abzügen, (nach dem Weber'schen Gesetz) in der Summe
der Verlierenden ein grösseres Unlustquantum, als das
Lustquantum in der Summe der Gewinnenden ist. Endlich wird durch derartige speculative Gewinnsucht eine
Menge von Verstandes- und Willensthätigkeit absorbirt,
welche nicht nur der Nation keinen Gewinn bringt, sondern einen Theil der gesammten geistigen Arbeitskraft
der Nation in geradezu störender Weise der praktischen
Verwerthung in productiver Berufsthätigkeit entzieht.
In wie weit gewerbliche Berufe gezwungen sind, auf
eine speculative Ausnutzung künftiger Marktconjunkturen
bedacht zu sein, soll hier nicht untersucht, und nur bemerkt werden, dass diese Nöthigung schon jetzt weniger
zwingend ist, als man gewöhnlich glaubt, und dass sie
um so mehr schwindet, je solider die wirthschaftlichen
Verhältnisse der Nation werden, d. h. je weniger der
Geschäftsbetrieb auf unsolide Credite aufgebaut ist. —
Die bedeutenden Gewinnchancen des Handels und Ge-

werbes sollen allerdings nicht einer blosen Kaste innerhalb der Nation, sondern dem gesammten Volk zu Gute
kommen; aber dieser Ausgleich ist nicht auf dem Wege
anzustreben, dass der Einzelne, der sich anderen Berufsarten gewidmet hat, nebenbei mit seinem Capital-
vermögen gewerbliche oder geschäftliche Speculations-
gewinne mitzunehmen sucht, sondern dadurch, dass in
jeder Familie die einzelnen Glieder sich verschiedenen
Berufsarten widmen und die Berufsarten auch der Zeit
nach generationsweise wechseln. So lange nicht ein
Theil der Söhne des Grundadels und Dienstadels sich
dem Handel und Gewerbe widmet, wird die Verschiebung
des Reichthums nach der Seite eines erblichen Geldadels selbst dann nicht zu hemmen sein, wenn letzterer
einen Theil seiner Söhne Grundbesitzer und Beamte
werden lässt, und der Versuch, diesen Umschwung
durch speculative Nebenbeschäftigung der Einzelnen
abzuwenden, kann nur in's Gegentheil, nämlich in dessen
Beschleunigung umschlagen. Dass gewinnsüchtige Spe-
culationen doppelt sorgfältig zu vermeiden sind, wenn
sie den Charakter des Spiels an sich tragen, bedarf
keiner Ausführung.

7) Jedermann soll, so viel an ihm liegt, bemüht
sein, den Zwischenhandel und das Vermittelungsgeschäft
zu verringern, oder wo möglich ganz zu beseitigen
durch Anbahnung direkter Beziehungen zwischen Consumenten und Producenten. Selbst dann, wenn durch
Abschaffung aller Credite jede Risicoprämie (sowohl in

Bezug auf Zahlungsunfähigkeit im Einzelnen, wie in
Bezug auf Handelskrisen im Grossen und Ganzen) aufhörte, würde doch noch eine progressive Steigerung der
Preise im Zwischenhandel bestehen bleiben, weil jedes
folgende Glied des Zwischenhandels seine Provision
procentualisch vom Selbstkostenpreise, der eben alle
vorhergehenden Handels-Provisionen, Zölle und indirekten
Steuern mit einschliesst, berechnen muss. Um nun den
Zwischenhandel zu depossediren, ist schon die Baarzah-
lung ein wichtiger Schritt; denn nur der die persönlichen Verhältnisse des Kunden vor Augen habende
Kleinhändler, nicht der ferner wohnende grössere Kaufmann, kann den Kunden Waarencredit bewilligen. Der
zweite Schritt aber ist der, dass jedermann sich entschliesst, auf seine Reserven gestützt alle seine Einkäufe so sehr im Grossen zu machen, als die Verderb-
lichkeit der Waaren, die Raumverhältnisse seiner Woh-
nung und die mit der Grösse des Vorraths steigende
Vergeudung der Dienstboten es gestatten. Durch Einkäufe im Grossen wird dem Verkäufer Mühe und Zeit
erspart und er kann deshalb auf eine entsprechende
Distributionsprämie verzichten, d. h. billiger verkaufen;
ausserdem kann man je nach der Grösse des Einkaufs
mehr oder weniger Glieder des Zwischenhandels über-
springen, wofern nicht die Kleinhändler den Verkehr
mit dem Publicum dadurch monopolisirt haben, dass sie
die Grosshändler durch Androhung des Geschäftsab-
bruchs zwingen, an das Publicum nur zu den höheren

Detailpreisen zu verkaufen. Dieser Monopolzwang der
Detaillisten, der besonders schmachvoll auf dem Gebiete
geistiger Producte ist, kann ebenso wie der auf manchen
Gebieten thatsächlich bestehende Monopolzwang der
Commissionäre durch den Einzelnen nicht gebrochen
werden; deshalb ist noch ein weiterer Schritt nothwendig.

8) Jedermann soll nach Kräften das Zustandekommen und Gedeihen von Genossenschaften fördern.
welche allein im Stande sind, die Monopole der Kleinhändler und Commissionäre zu durchbrechen und die
Gewinnste des Zwischenhandels den Consumenten und
Producenten zuzuwenden. Ein selbstständiger Handelsstand hat nur so lange und insoweit Berechtigung, als
er die einzig mögliche oder doch beste Art der Befriedigung des Verkehrs zwischen Consumenten und Producenten darstellt; sobald jedoch eine bessere Form gefunden ist, hört sein Recht zur Existenz auf. Diese
bessere Form aber ist die Genossenschaft für Bezug
(von Rohstoffen oder Verbrauchsgegenständen) und Ab-
satz von Producten oder die Genossenschaft zur Vermittelung von Nachfrage und Angebot (z. B. auf dem
Gebiet des Arbeitsnachweises, der Stellenvermittelung,
des Grundstücks- und Hypothekenverkehrs). Hier eröffnet sich ein vorläufig kaum absehbares Feld, auf dem
natürlich auch erst mit wachsender wirthschaftlicher
und sittlicher Reife des Volkes wachsende Erfolge zu
verzeichnen sein werden. Trotz der unvermeidlichen
Kinderkrankheiten und theilweisen Misserfolge, die sol-

chen Versuchen nicht erspart bleiben können, ist doch
schon Grosses auf diesem Gebiete erreicht und Grösseres
mit Sicherheit zu erwarten; der sicherste Beweis für die
Erspriesslichkeit solcher Associationen für das Publicum
ist das angstvolle Wuthgeschrei, welches die Interes-
senten des betreffenden Handelszweiges bei jedem neuen
Versuche dieser Art erheben, der sich für uninteressirt
gebende Eifer, mit welchem sie dem Publicum die Betheiligung an solchen Unternehmungen als unvortheil-
haft und thöricht darzustellen suchen, und der schaden-
frohe höhnische Jubel, mit dem sie das Scheitern eines
solchen Unternehmens begleiten. —

Reserven legen, keinem als unreell erkannten Geschäftsmann etwas zu verdienen geben, keine Ehrenver-
pflichtung zur unbedingten Zahlungsleistung eingehen,
nur gegen baar kaufen und verkaufen, gestellte Preise
und Lieferungsfristen unbedingt innehalten, möglichst
stabile Capitalanlage suchen und auf Speculationsge-
winn verzichten, möglichst im Grossen mit Vermeidung
des Zwischenhandels kaufen und Genossenschaften zum
Durchbrechen der Geschäftsmonopole und zur Entbehr-
lichmachung des Zwischenhandels und Vermittelungsgeschäfts befördern, das sind die acht Regeln, welche das
Publicum zu beobachten hat, um ohne allen gehässigen
Antisemitismus und ohne geschäftliche Judensperre die
wirthschaftliche Seite der Judenfrage mit Ruhe und
Sicherheit auf friedlichem Wege zu lösen. Während
die geschäftliche Ausschliessuug der Juden ihm Unbe-

quemlichkeiten und Opfer auferlegt und doch nicht von
der Ausbeutung durch den christlichen Handelsstand
befreit, sondern dieser um so sichrer preisgiebt, lösen
jene acht Regeln beide Fragen auf einmal, oder vielmehr die eine implicite in der andern, und zwar auf
einem Wege, der für die ihn Einschlagenden nur Vortheile und keine Nachtheile bietet.

In letzter Instanz ist es freilich doch nur der Uebergang zum Socialismus, der vor der Uebermacht der
Capitalherrschaft retten kann. Socialistisch ist der Ersatz
des Zwischenhandels und des Vermittelungsgeschäfts
durch Interessenten-Genossenschaften, socialistisch die
Zwangsversicherung der ärmeren Bevölkerungsclassen,
socialistisch die Entthronung des Capitals von der Herrschaft über die Eisenbahnen durch Umwandelung der
Actionäre in Staatsrentner. Socialistisch sind die ge-
nossenschaftlichen Organisationen des Grundcredits, die
privaten, communalen oder staatlichen Versicherungen
auf Gegenseitigkeit, und jeder Betrieb, bei dem entweder
nicht mehr herauskommt als die Erhaltung und Erweiterung kostet (wie das staatliche Post-, Telegraphen-
und Fernsprechwesen), oder dessen Ueberschüsse an
Stelle von andernfalls unvermeidlichen Steuern treten
(wie städtische Gas- und Wasserwerke, oder die staatliche Domänen-, Forst-, Berg- und Hüttenwirthschaft).
Je mehr Betriebe dieser Art socialisirt werden, also entweder aufhören, Ueberschüsse zu bringen, die in Privatwirthschaften fliessen, oder zum Ersatz von Steuern be-

nutzt werden, desto weiter schreitet die Entthronung des Capitals fort, desto mehr tritt der Dienstadel an die Stelle des Geldadels, desto mehr ist der Geldadel genöthigt, sich dem öffentlichen Dienste zu widmen, um über den Genuss der Annehmlichkeiten des Lebens hinaus auch Einfluss und Ansehen zu behaupten. Die dem Capital verbleibende Macht ist übrigens nicht proportional dem Capital, sondern der Rente, sinkt also proportional dem Zinsfuss, und dieser sinkt proportional der Capitalansammlung, welche gegenwärtig rapide fortschreitet.

Das Judenthum hat den Capitalismus oder die capitalistische Wirthschaftsweise nicht geschaffen, sondern nur benutzt; sofern es sich daran gewöhnt hat, seine Interessen mit denen des Capitalismus zu identificiren, wird es dieselben in dem Masse geschädigt finden, als die capitalistische Wirthschaftsweise durch die socialistische verdrängt wird und der Zinsfuss sinkt. Das Judenthum hat insofern seinen eigentlichen Feind in dem Socialismus, und zwar nicht bloss in dem Staatssocialismus zu suchen, und seinen besten Freund in den Kriegen, welche durch Vernichtung der in Jahrzehnten angesammelten Capitalrücklagen den sinkenden Zinsfuss immer wieder in die Höhe schnellen. Insoweit die Furcht vor der Uebermacht des Judenthums auf einer Furcht vor der Uebermacht des Capitalismus beruht, kann man zum Troste sagen, dass schon dafür gesorgt ist, dass die Bäume nicht in den Himmel wachsen; in-

dem das Judenthum sich des Capitalismus mit seinen Vorzügen und Nachtseiten bemächtigt und ihn auf die Spitze
getrieben hat, hat dasselbe zugleich zur Beschleunigung
des Ablaufs der capitalistischen Wirthschaftsära und
zum wachsendem Widerwillen der Völker gegen dieselbe
mächtig mitgewirkt, also der Ueberwindung derselben
durch die socialistische Aera kräftig vorgearbeitet, und
so sägt es rüstig weiter an dem Ast, auf dem es
reitet, nicht so sehr zu seinem Besten als zum Besten
des culturgeschichtlichen Fortschritts.

Und doch ist die bei den Freunden wie bei den
Gegnern des Judenthums sehr verbreitete Ansicht, als
ob dessen Interessen mit denen des Capitalismus iden-
tisch seien, sehr einseitig und beschränkt. Das Judenthum hat sich nur darum auf die capitalistische Wirthschaftsweise geworfen, weil man ihm jede andre Art
der Selbsterhaltung abgeschnitten hatte, und weil es instinktiv fühlte, dass dem Capitalismus die Zukunft, beziehungsweise die Gegenwart gehöre. Aber schon haben
wir Juden als Hauptpropheten der socialistischen Zukunft
gesehen, und von dem Augenblick an, wo der Sieg des
Socialismus besiegelt sein wird, werden die Juden den
Capitalismus wie die Ratten das sinkende Schiff verlassen und der neuen Fahne folgen, d. h. sich in den
öffentlichen Dienst drängen. Schon jetzt würde diese
Erscheinung sichtbarer hervortreten, wenn ihnen nicht
grade die einflussreichsten Beamtenstellungen des Staats-
dienstes noch verschlossen wären, und der Capitalismus

nicht noch allzusehr auf der Höhe seiner Entwickelung
stände; aber sobald dessen Niedergang unverkennbar
wird, werden auch die Juden lieber ihr Judenthum ab-
streifen, sofern sie es bis dahin behauptet haben und in
Masse zum Dienstadel drängen, als dass sie auf den
Genuss eines aristokratischen Einflusses verzichten, deren
Süssigkeit sie einmal gekostet haben. Geht nun gar
die politische Entwickelung weiter nach der demokra-
tischen Seite hin, so dass die Stellen vorzugsweise
durch demagogische Thätigkeit zu erlangen sind, so erscheint die jüdische Race wie prädestinirt dazu, unter
solchen Verhältnissen eine Rolle zu spielen, die leicht
noch einflussreicher ausfallen kann, als diejenige in der
capitalistischen Aera. Dann aber wird wenigstens der
Uebergang von Stammesgefühl zum Nationalgefühl eine
vollzogene Thatsache, also der Jude abgesehen von
seinem ethnologischen Typus auch innerlich ein nationaler Vollbürger sein. Gegen die Zukunftsgefahr
einer Herrschaft des jüdischen Demagogenthums im
socialen Staate wird man sich am besten wahren, wenn
man schon jetzt das Demagogenthum und den demo-
kratischen Zug unsres modernen politischen Lebens
energisch bekämpft, indem man dem Volk klar macht,
dass alle scheinbare Demokratie nur eine Herrschaft
des Demagogenthums, diese aber unter allen möglichen
Herrschaftsformen die schlimmste ist.

10. Kunst, Wissenschaft und Presse.

Die Bibel und der Talmud lehren uns, dass die Juden, so lange sie eine nationale Cultur besassen, sich auf religiösem, philosophischem und poetischem Gebiete als ein hochbegabter Stamm erwiesen haben; auch in der Musik scheint derselbe nicht hinter andern Völkern zurückgestanden zu haben, wohl aber in der bildenden Kunst, was indess vielleicht durch die Ausschliessung der Götterbilder allein zur Genüge erklärbar wäre. Seit aber mit der Zerstörung des jüdischen Staats die nationale Existenz des Stammes aufgehört hatte, zehrten die zerstreuten Glieder desselben lediglich von der Vergangenheit ihrer nationalen Cultur, und waren im Ganzen zu sehr von der Sorge um die materielle Selbsterhaltung in Anspruch genommen, um auf die Fortbildung derselben Zeit und Arbeit verwenden zu können. Wo und wann seit der Zerstörung des Tempels das Judenthum Zeit und Kraft übrig behielt, an seiner Bildung zu arbeiten, fand es alle Hände voll zu thun, um sich nur die inzwischen erfolgten Bildungsfortschritte seiner Wirths-völker anzueignen, zu verstehen und für seinen Bedarf zu modeln. So begannen die Juden in Egypten schon vor Christo hellenische Philosophie und egyptische Prie-sterweisheit sich anzueignen und mit dem jüdischen Monotheismus zu verschmelzen, wovon der noch lange nicht genug gewürdigte Philo das treffendste Beispiel ist; so verarbeiteten die mittelalterlichen jüdischen Denker

11

im muhammedanischen Spanien den arabisirten Aristote-
lismus, so lieferte der portugiesische Jude Spinoza in den
protestantischen Niederlanden die Synthese zwischen dem
Cartesianismus und dem Pantheismus Brunos und ver-
band diese mit der Scholastik seiner spanischen Vor-
gänger, so zog endlich der noch immer überschätzte
Mendelssohn das Facit aus der deistischen Aufklärungs-
philosophie des 18. Jahrhunderts für seine deutschre-
denden Stammesgenossen.

Das Verhalten der Juden zu dem vorgefundenen
Bildungsstoff konnte nur ein zwiefaches sein: entweder
eklektisch aneignend, oder aber skeptisch negirend und
kritisch auflösend, insoweit es für das jüdische Bewusstsein nicht assimilirbar schien; aus dem letzteren Verhalten erklärt sich der skeptisch negirende und zersetzende Zug des jüdischen Geistes, aus dem ersteren der
reproductive, originalitätslose Charakter der jüdischen
Bildung. Beides kann man vollauf zugeben, ohne darum
einzuräumen, dass die skeptische Negativität und reproductive Originaltitätslosigkeit ursprüngliche Eigenschaften des geistigen Stammestypus seien. Dass dies bei
der erstern nicht der Fall ist, wird dadurch erwiesen,
dass die zersetzende Säure der jüdischen Negativität
sich immer nur gegen das Nichtjüdische der fremden
Nationalculturen, aber niemals gegen das eigene geistige
Besitzthum wendet, das vielmehr von den Juden selbst
dann noch mit einer anderwärts unerhörten Pietät behandelt wird, wenn es als überwundener Standpunkt

gewusst wird. Dass aber die geistige Versatilität des
Judenthums und die Congenialität seines Verständnisses
gross genug sind, um sich in fremde Nationalculturen
der verschiedensten Art einzuleben und sogar mit Glück
in demselben bis zu der Grenze, die das Genie vom
Talent scheidet, zu bethätigen, das spricht mindestens
nicht dagegen, dass beim Vorhandensein einer national-
jüdischen Cultur sich die in alter Zeit bewährte origi-
nale Productivität des Judenthums auch fernerhin bekundet haben würde. Die gegenwärtige Zwitterstellung
des Judenthums macht es dem Juden ebenso unmöglich,
auf dem Felde einer national-jüdischen Cultur, die nicht
existirt, wie auf dem Felde der Nationalkulturen der
Wirthsvölker original productiv zu sein, weil er deren
geistiger Substanz noch immer zur Hälfte als ein Fremder gegenübersteht, und sie innerlich ebenso radebrecht
wie äusserlich ihre Sprachen. So lange noch ein jüdischer Accent in der Aussprache zu hören und ein jüdisches Timbre im Stil zu spüren ist, so lange kann man
unmöglich erwarten, dass im geistigen Gehalt die Fremd-
heit überwunden sein solle; so lange aber dies nicht
der Fall ist, sind auch von Juden keine originalen Pro-
ductionen, sondern nur talentvolle Reproductionen und
Combinationen zu verlangen.

Die Möglichkeit ist keineswegs von der Hand zu
weisen, dass die Juden bei fortschreitender Nationalisirung und Entjudung sich dermassen in die geistige
Substanz der Nationalculturen ihrer Wirthsvölker ein-

11*

leben, dass sie nach einer Wandelung von einigen Generationen fähig werden, sich auf diesem fremden Gebiet
wie auf eigenem zu bewegen und dann auch im Stande
sind, die Grenze zu überschreiten, welche das Talent
vom Genie scheidet. Ganz aussichtslos dagegen ist der
Traum jüdischer Phantasten, ohne Restitution eines
jüdischen Staates mit eigenem Landgebiet eine neue
Aera nationaljüdischer Cultur inauguriren, und allen am
gastlichen Tisch der Wirthsvölker aufgenommenen Bildungsstoff nur als schätzbares Material zur Bereicherung
jener anwenden zu können; selbst wenn ein neues Pa-
lästina geschaffen würde, so würde doch die zweitausend-
jährige geschichtliche Kluft es unmöglich machen, die
neue Aera des jüdischen Nationallebens an die alte unmittelbar anzuknüpfen, und das, was günstigen Falls zu
Stande käme, würde doch dem einstigen Judenthum so
unähnlich sein, wie die heutigen Königreiche Griechen-
land und Italien dem alten Hellas und der römischen
Republik. Bleibt aber das Judenthum in seiner Zerstreuung, so würde es selbst dann, wenn es die Weltherrschaft erränge, in Kunst und Wissenschaft von der
Cultur der beherrschten Völker ebenso abhängig bleiben
wie in Sprache und Technik.

Thatsächlich haben wir es auch auf künstlerischem
und wissenschaftlichem Gebiet mit einer Uebergangskrisis zu thun. Schlösse das Judenthum sich ganz von
den modernen Nationalculturen ab, so würde es diese
in keiner Weise stören; hätte es sich bereits völlig ent-

judet und nationalisirt, so würde es dieselben wesentlich
fördern. Gegenwärtig aber, wo die Juden in allen
geistigen Angelegenheiten der Völker als Nationsange-
hörige mitreden und mitthun, ohne dass sie ganz aufgehört haben, als Juden zu denken und zu fühlen, er-
geben sich Widersprüche, welche von den Nationen
recht unangenehm empfunden werden. Insoweit die zersetzende Negativität des Judenthums sich bloss gegen
veraltete, zur Ueberwindung bestimmte Bestandtheile
der Nationalcultur kehrt, leistet sie zwar objektiv genommen dem Culturprocess einen Dienst, aber doch
nicht, ohne dass von den Völkern diese durchsäuernde
Untergrabung werthgeschätzter Culturbestandtheile sub-
jektiv verletzend empfunden wird, weil den Fremden
das Recht zu solchem Eingriff in das nationale Geistes-
leben abgesprochen wird. Dieses Gefühl verschmilzt
mit dem auch objektiv berechtigten Verdruss darüber,
dass die Juden ihre ätzende Negativität in oft recht
rücksichtsloser Form auch gegen solche geistige Güter
der Nation kehren, welche ihnen als Juden zwar unver-
ständlich oder gar anthipathisch sind, für die Nation
selbst aber keineswegs entbehrlich oder veraltet sind.
Witz, Ironie, Satire, Spott, Hohn, Frivolität und Cynis-
mus vereinigen sich oft genug, um dem Volke seine
Ideale herunterzureissen und durch den Koth zu schleifen,
und dergleichen Leistungen sind stets sicher, ein dank-
bares Publicum zu finden. Auf diese Weise hat grade
an der deutschen Nation das Judenthum viel gesündigt,

und dieses Sündenregister ist noch weit entfernt, geschlossen zu sein.

Die eklektische Assimilationsfähigkeit der Juden hat fast noch ungünstigere Wirkungen als die Skepsis; denn der Eklekticismus ist ohne wahre Einheit des Princips in der Wissenschaft, ohne Einheit des Stils in der Kunst, und indem er trotz dieses Mangels für das Wahrste und Höchste angepriesen wird, verdirbt er im Publicum das Urtheil und den Geschmack. In den empirischen Wissenschaften, die an sich principlos sind, tritt dieser Uebelstand wenig zu Tage, desto mehr in der Philosophie, wo der Eklekticismus der bemerkenswerthen jüdischen Denker schon oben angedeutet wurde; der einzige hervorragende jüdische Componist hat trotz seiner Vereinigung ungewöhnlicher Eigenschaften doch wesentlich nur die eine kunstgeschichtliche Wirkung gehabt, einer ganzen Generation das musikalische Urtheil zu verwirren. Der Eklekticismus führt immer dazu, der Form einen übertriebenen Werth im Verhältniss zum Inhalt beizulegen (so z. B. auch bei Spinoza), und durch die elegante Glätte der Form den Mangel innerer principieller Einheit*) zu bemänteln. Ist dieser Beurtheilsmassstab für wissenschaftliche und künstlerische Leistungen einmal zur Geltung gebracht, so hat die geschmackvolle fleissige Mittelmässigkeit gewonnen Spiel,

---

*) Bei Spinoza fallen z. B. Metaphysik und Ethik auseinander und die Religionsphilosophie bleibt in einem widerspruchsvollen Schwanken zwischen der Anlehnung an die Metaphysik und an die Ethik.

und nimmt alle verfügbaren Plätze, sowohl zur Lebens-
versorgung wie in der Theilnahme und der Werth-
schätzung des Publicums, so vollständig in Beschlag,
dass für die wirklich originalen Talente oder gar für
urwüchsige Genies kein Plätzchen mehr übrig bleibt,
und sie elend verkommen müssen.

Der gefährlichste Typus kommt da zu Stande, wo
die bestechende Eleganz eines geschmackvollen aber
oberflächlichen Eklekticismus sich mit der ätzenden
Säure frivoler Negativität verbindet, wo also einerseits
alle Töne der Gefühlsscala nur noch zum Spiel mit der
eignen Virtuosität angeschlagen, alle Ideale ohne Ernst
und Glauben nur noch als Versatzstücke und Deko-
rationen zur Gruppirung gefälliger Bilder gemissbraucht
werden und sich durch cynischen Umschlag für ihr
Auftreten als etwas nicht ernst Gemeintes zu ent-
schuldigen haben, und wo andrerseits die innere Roh-
heit und Hohlheit der ideallosen Skepsis sich durch
vornehme Drapirung mit gewählten Formen einzu-
schmeicheln weiss. Auch diesen Typus hat nicht das
Judenthum erzeugt, sondern die romantische Schule; das
literarische Judenthum hat sich desselben nur als des
ihm specifisch zusagenden bemächtigt und in demselben
seine höchsten Triumphe gefeiert (Heine). In einem
Zeitalter des Epigonenthums ist der naturgemässe
Platz für Eklekticismus und Skepticismus und deren
Mischungen; darum muss in einem solchen Zeitalter
das Judenthum auch in Kunst und Wissenschaft auf

der Höhe sein. Was hinter dieser Judenliteratur kommen
kann, ist bloss noch die Weiberliteratur; denn im Um-
schmelzen der Geistesschätze zur Courantmünze sind die
Weiber den Juden noch überlegen, freilich nur auf dem
Gebiete der schönen Literatur, so dass auf den übrigen
Feldern die Superiorität der Juden durch diese Concurrenz unbedroht bleibt.

Auf allen Gebieten, wo nicht mehr als Reproduction
verlangt wird, sehen wir die Juden die höchsten Ziele
erreichen, und so massenhaft vertreten, dass sie trotz
ihres geringen Procentsatzes in der Bevölkerung das
Uebergewicht über die Nichtjuden entweder schon erlangt haben oder bald zu erlangen drohen: so in der
Mimik, im musikalischen Virtuosenthum und in der
Journalistik. Ueberall ist es die Routine, das Raffine-
ment, der Hautgout, kurz die Speculation auf den
schlechten, oder doch des feineren Kunsturtheils baaren
Geschmack der Masse, durch welchen die Juden ihre
Erfolge erzielen; überall treten sie erst dann in den
Vordergrund, wenn die Nichtjuden das Feld zur Genüge
schöpferisch bearbeitet haben, so dass nur die Reproduction der vorhandenen Vorbilder übrig bleibt, und
überall entadeln sie die Idealität der Kunst durch Herab-
ziehen ihres Betriebes in die geschäftliche Sphäre des
Gelderwerbs. Auch die wissenschaftliche und künstlerische Lehrthätigkeit gehört zu den reproductiven Berufsarten, und demgemäss sehen wir auch zu diesen
Stellungen einen Andrang der Juden, der sich nur bis

jetzt noch meist an der erschwerenden Bedingung des
Religionswechsels wie an einem Wehr gestaut hat. Auf
allen diesen Gebieten greifen die geistige Versatilität
und Reproductionsgewandtheit mit der cliquenhaften
Solidarität des Judenthums und der Beherrschung des
öffentlichen Urtheils durch die in jüdischen Händen befindliche Journalistik in einander, um den Juden einen
Vorsprung in der Concurrenz mit nichtjüdischen Bewerbern zu sichern; denn hier hängt alles von der Be-
günstigung durch Cliquenthum und von dem künstlichen
Renommé in der öffentlichen Meinung ab. In diesen
Dingen sind aber die Juden unstreitig unübertroffen,
weil das Judenthum selbst nur eine grosse Clique bildet,
die zugleich den grössten Theil der Presse und durch
diese bis zu einem erheblichen Grade die öffentliche
Meinung beherrscht.

Von jedem Erfolge eines Juden, sei es bei seinem
Debut im Theater oder Concertsaal oder bei seinem
Einrücken in eine von Vielen begehrte Stellung, ist
Jedermann sofort geneigt, einen Theil auf Rechnung des
jüdischen Cliquenwesens zu schreiben, das seine Ver-
zweigungen überall hinerstreckt, und dies wird nicht eher
anders werden, als bis die Entjudung bis zur Auflösung
der Solidarität des Judenthums fortgeschritten ist. Darum
ist aber auch für alle Nichtjuden die Concurrenz mit
Juden so unangenehm, weil sie wissen, dass sie allemal
dem Einfluss einer Clique gegenüberstehen, der an fester
Geschlossenheit, weiter Verzweigung und Rücksichts-

losigkeit in protestantischen Ländern nichts anderes zu
vergleichen ist. Zu der Ausdehnung der antisemitischen
Gefühle auf die getauften und halbblütigen Juden trägt
wesentlich der im Volke verbreitete Glaube bei, dass
der Einfluss der Judenclique auch diesen scheinbar
Abtrünnigen nicht versagt zu werden pflegt, sobald sie
sich nur nicht gerade zur antisemitischen Partei schlagen.
Jeder neue Erfolg, den diese Clique erringt, sichert ihr
einen neuen wirksamen Stützpunkt zum Ansatz ihrer
Hebel für weitere Minirarbeit, und dies ist der Grund,
weshab das deutsche Volk mit so ernsten Besorgnissen
die fortschreitenden Erfolge des Judenthums auf den
Gebieten der Kunst und Wissenschaft beobachtet. Wenn
die Juden sich nicht bald entschliessen, auf dieses Cliquensystem zu verzichten, so werden sie die Beantwortung
desselben mit einem antisemitischen Cliquensystem ganz
allein sich selbst zuzuschreiben haben; es ist eine kurzsichtige Politik, den augenblicklichen Gewinn über alles
zu schätzen, und die nachträgliche Reaction der Ver-
letzten zuerst für unmöglich zu halten, dann zu miss-
achten und endlich als unverdientes Unglück und Un-
gerechtigkeit anzuklagen. —

Das Hauptorgan für Popularisirung der wissenschaftlichen Ansichten einer Zeit und für Umwechselung
des Wissens in kleine Münze ist die Presse. Die Presse
ist das Asyl aller Gebildeten und Halbgebildeten, die
zwar von geistiger Arbeit leben möchten, aber einen
soliden Beruf verfehlt haben; zu ihr drängen sich die

angehenden Dichter und Literaten, um ihren Namen
bekannt zu machen, zu ihr strebt alles hin, was nur
durch Cliquenwesen in die Höhe zu kommen hoffen
darf. Anständigere Naturen entschliessen sich nur schwer
und mit Widerwillen, sich ganz dem Dienst der Presse
zu widmen, wie ein anständiges Mädchen sich nur schwer
und mit Widerwillen entschliesst, zur Bühne zu gehn:
denn die Missachtung der Presse im Allgemeinen und
der Ruf ihrer Unlauterkeit und Bestechlichkeit wirft
ihren Schatten mit Recht oder Unrecht auf jeden, der
ihr nahe steht, und das massgebende Partei- und
Cliquenwesen der Presse muthet auch dem Redlichsten
Einbussen an Gesinnungstreue, Wahrheitsliebe und Gerechtigkeit zu, von denen die Besten der Nation sich
unbedingt zurückschrecken lassen. Daher kommt es,
dass Halbbildung und feile Gesinnungslosigkeit bei der
Presse dominirt; die Kunst des Zeitungsschreibers wie
das Parlamentariers besteht darin, sofort über Alles
oratorisch gewandt und bestechend schwatzen zu können,
wovon er nichts versteht und dabei immer in dem Sinn
und Interesse derjenigen Partei oder Clique zu operiren,
in deren Dienst er grade steht. Am unbrauchbarsten von
allen Eigenschaften für die Bethätigung bei der Presse
sind erschöpfende Gründlichkeit, welche von der Zeitung
viel mehr Raum, und von den Lesern viel mehr Geduld
beansprucht, als beide haben, und objektiv abwägende Gerechtigkeit und Unbefangenheit, welche stets als Verrath
am Interesse der Partei und der Clique erscheinen müssen.

Als ein gewerbliches Unternehmen, das bedeutende
Capitalien erfordert, ist die Presse in letzter Instanz
Geschäft, soweit sie nicht aus Parteimitteln unterstützt
wird: als geschäftliches Unternehmen aber hat sie nur
auf möglichst hohen Gewinn zu sehen, welcher durch
möglichst grosse Abonnentenzahl erreicht wird. Diese
wird gewonnen, indem man auf Wahrheit verzichtet
(denn die Völker wollen die Wahrheit noch viel weniger
hören als die Fürsten), die Haltung der Blätter auf ein
möglichst niedriges Niveau der Verständnissfähigkeit her-
unterschraubt, den schlechten Eigenschaften des Volkes
(Neugier, Klatschsucht, Skandalsucht, Lust am Pikanten,
Gemeinen, Grässlichen und Bösen, Oppositionskitzel,
absprechende Besserwisserei u. s. w.) schmeichelt und
fröhnt, immer mit der Zeitströmung segelt und sofort
die Kursrichtung wechselt, wenn der Wind der öffentlichen Meinung umschlägt. Dies alles sind nothwendige
Folgen aus der Thatsache, dass die Zeitungen gewerbliche Unternehmungen sind, und es wäre sinnlos, den
Unternehmern einen Vorwurf daraus machen zu wollen,
dass sie ihr Geschäft in erster Reihe nach geschäftlichen
Rücksichten leiten. Die Verbreitung von Wahrheit und
die Beförderung des öffentlichen Wohls sind eben nur
die Aushängeschilder des Geschäfts, welche die Kunden
anlocken sollen, und ihnen muss bis zu dem Grade Rechnung getragen werden, dass die Kunden nicht empört
den Rücken wenden; aber die Befriedigung heischenden
und an Befriedigung gewohnten schlechten Eigenschaften

der Kunden sorgen im Verein mit der ziemlich gleichmässigen Corruption aller Parteiblätter dafür, dass diese
Rücksichten die allerbescheidensten Grenzen nicht überschreiten.

Die Wirkung der Presse auf das Publicum besteht
darin, Verstand, Gemüth, Geschmack und Charakter zu
verderben und die kostbare Mussezeit, welche die Berufs-
arbeit ihm übrig lässt, edleren Beschäftigungen abzu-
stehlen, ohne dass diesem Schaden ein nennenswerther
Nutzen gegenüberstände. Die Zeitungslecture wirkt
zunächst verflachend, zerstreuend, verwirrend, und zwar
bis zu einem solchen Grade, dass sie auf die Dauer die
Fähigkeit zu ernsterer gedanklicher Concentration gradezu vernichtet; sie hätschelt die Neugier und unterdrückt
die Wissbegier, und täuscht den Schein einer Bildung
vor, der völlig werthlos und darum schlimmer als naive
Unbildung ist, die keinen Anspruch darauf macht, für
Bildung zu gelten. Die Zeitungslecture verdirbt ferner
das Herz, indem sie das Behagen an Klatsch, Schmutz
und Scandal, an grausigen Unglücksfällen und Ver-
brechen grosszieht und nährt, und sie verdirbt den Geschmack, indem sie an die unvermeidliche Schludrigkeit
der hastigen Tagesschriftstellerei, an die Verlotterung
des Feuilletonstils mit seiner geistreichelnden Bewitzelung
alles Ernsten und an den faulen Verzicht auf eignes
ästhetisches Urtheil zu Gunsten nachgeplapperter Zei-
tungsurtheile gewöhnt. Sie verdirbt endlich den Charakter, indem sie daran gewöhnt, die Unwahrheit und

Lüge als den natürlichen und ordnungsmässigen Zustand
der menschlichen Verhältnisse anzusehen, alles nach
politischen, kirchlichen oder socialen Parteirücksichten
zu bemessen, jedem sachlichen Streit eine gehässige
persönliche Wendung zu geben und gegen die gehäs-
sigsten Verunglimpfungen der eignen Person oder nahestehender Freunde nicht mehr mit verletztem Ehrgefühl
zu reagiren. Die Zeit ist längst vorbei, wo die Partei
des laisser faire laisser passer den Leuten noch weis-
machen konnte, dass die Presse die Wunden auch heile,
die sie schlägt, denn die Erfahrung zeigt, dass die am
meisten corrumpirte Presse das gesammte Niveau der
Presse fortwährend weiter herunterzieht. Der Zeitdieb-
stahl, den die Presse an der Menschheit begeht, wächst
proportional dem Umfang der Blätter, und droht nach-
grade bereits in bedenklicher Weise das Bildungs-
Niveau der gebildeten Classen herabzudrücken, ohne
dasjenige der niederen entsprechend zu heben. Die
Kalamität ist noch nicht auf ihrem Gipfel angelangt,
und doch ist sie schon jetzt zu einem Punkte gediehen,
wo man ernstlich in Zweifel sein kann, ob der Schade,
den die Erfindung der Buchdruckerkunst mit dem Zeitungswesen stiftet, nicht grösser ist, als ihr gesammter
Nutzen.

Es ist barer Unverstand, für diese Zustände das
Judenthum verantwortlich machen zu wollen, während
dieselben sich naturgemäss in allen Ländern gleichmässig aus dem gewerblichen Charakter der Zeitungs-

unternehmnngen und den schlechten Eigenschaften des
Volksgeistes entwickelt haben. Aber es ist nicht zu
leugnen, dass die Juden sich stark von der Presse an-
gezogen fühlen, dass sie die Coruption derselben schnell
gesteigert haben, und dass sie im benachbarten Oesterreich nahe daran sind, aus der gesammten Presse ein
jüdisches Monopol zu machen. Es ist nicht bloss die
Verbindung von popularisirender Reproduction und geschäftlicher Thätigkeit, nicht bloss die Schwierigkeit des
Unterkommens in akademischen Berufsarten (ausser dem
ärztlichen), nicht bloss der Mangel an Scrupeln gegen
die Unannehmlichkeiten des Journalistenberufs, sondern
vor allem die lohnende Aussicht auf die Beförderung
der jüdischen Sonderinteressen durch Beeinflussung der
öffentlichen Meinung, was das Judenthum nach Beherrschung der Presse systematisch streben lässt. Durch
die Presse wird die jüdische Wissenschaft, Literatur und
Kunst poussirt und so der unterirdischen Minirarbeit
der jüdischen Clique vorgearbeitet; durch die Presse
wird die öffentliche Meinung über die vom Judenthum
drohenden nationalen Gefahren eingelullt und so die
Zeit zur Befestigung und Ausbreitung der jüdischen
Aristokratie gewonnen; durch die Presse werden die
Interessen des Capitalismus vertreten und Schlepper-
dienste für die höhere Bauernfängerei der Börse geleistet; durch die Presse endlich werden diejenigen politischen, religiösen und volkswirthschaftlichen Parteien
bekämpft, welche den Interessen des Judenthums wider-

streben, und diejenigen vertheidigt und gefördert, welche ihnen dienen, oder mit ihnen Hand in Hand gehen. Alles dies ist nach Lage der Dinge selbstverständlich, sobald und soweit die Juden einmal sich der Presse bemächtigt haben; aber trotzdem ist es eine kurzsichtige Politik von Seiten der Juden, weil der antisemitische Rückschlag unvermeidlich ist. Aus culturgeschichtlichem Gesichtspunkt aber kann man der Vorsehung nicht genug danken, dass sie uns die Juden gegeben hat, um das Ansehn der Presse desto schneller zu ruiniren und desto rascher zu dem Punkte zu führen, wo selbst der Bauer nichts mehr von dem glauben wird, was in der Zeitung steht, bloss darum, weil es in der Zeitung steht.

Das antisemitische Heilmittel, keine Zeitung zu lesen, die von Juden geschrieben oder redigirt wird, halte ich deshalb für schädlich, weil es die Kehrseite hat, das Zeitungswesen, das nicht von Juden ausgeht, zu unterstützen und zu fördern, d. h. den Krebschaden, zu dessen schnellerer Ueberwindung uns die Juden geschenkt sind, in nichtjüdischer Gestalt zu befördern und zu perpetuiren. So lange die Zeitungen geschäftlich corrumpirte Unternehmungen bleiben, ist es ziemlich gleich, ob sie von Juden oder Nichtjuden geschrieben werden; deshalb giebt es nur eine Rettung vor dieser Misère, das ist die, den Zeitungen das **Geschäft** zu ruiniren. Dies kann die Gesetzgebung durch folgende Mittel bewirken: 1) durch Einführung des Inseraten-

monopols für das Reich, die Staaten, Provinzen, Kreise
und Gemeinden, um den Zeitungsunternehmern den Inser-
tionsgewinn und die Möglichkeit der Bestechung durch
Zuwendung von Inseraten abzuschneiden (Inseraten-
steuer als Uebergangsstation zum Monopol); 2) durch
Trennung der Börsen- und Handels-Zeitungen von den
politischen Zeitungen, um den letzteren die Unabhängig-
keit von der Börse zurückzugeben; 3) durch Besteuerung
der Zeitungen nach dem bedruckten Flächenraum (damit die Zeitungen wieder kürzer und weniger zeitraubend
werden), der Börsen- und Handelsblätter aber mit einem
bedeutend erhöhten Steuersatz; 4) durch die Verpflichtung zur Unterzeichnung jedes Artikels und jeder Notiz
mit dem vollen wahren Namen des Autors, damit der
Nimbus des „Wir" schwindet; 5) durch Belassung der
Steuerfreiheit der Inserate und des Rechtes zur Ano-
nymität und Pseudonymität bei den Wochen- und Monatsschriften, damit das Publicum sich daran gewöhnt,
alle Belehrung über Politik, Volkswirthschaft, Wissenschaft, Literatur und Kunst nur aus den sorgsamer und
gründlicher redigirten Wochen- und Monatsschriften zu
schöpfen, in der Zeitung aber nichts als kurze thatsächliche Mittheilungen ohne Kritik und Raisonnement zu
suchen. Eine solche Reform der Journalistik würde das
Uebel an der Wurzel angreifen und die jüdische Ausbeutung der Presse ohne jede Ausnahmemassregel gegen
die Juden auf ein ungefährliches Mass beschränken.

11. Politik.

Seit der Emancipation spielen die Juden eine politische Rolle in allen Ländern, in denen das Volk überhaupt einen verfassungsmässigen Antheil an der Staatsleitung nimmt. Ueberall ist ihre politische Rolle durch die Sonderinteressen des Judenthums, nicht durch die wohl oder übel verstandenen Interessen der Wirthsvölker bestimmt. Sie bilden ebensowenig wie die Ultramontanen oder Socialdemocraten eine nationale, sondern eine internationale Partei, verhüllen aber gleich diesen ihre volksfremden Interessen unter dem Schein und der Prätension, doch eine nationale politische Partei sein zu wollen. In dieser Verhüllung entfalten sie mehr Glück und Geschick als die beiden andern internationalen Fractionen, wenigstens in Deutschland und Deutschösterreich, wo sie den abstracten politischen Idealismus des doctrinären Liberalismus vorfanden. Dieser theoretisch kurzsichtige und practisch unfruchtbare Standpunkt war einerseits ein Product der deutschen und österreichischen Zustände vor 1848, wo die Grossmächte beim absoluten Regiment verharrten und dadurch eine misstrauische Opposition wachriefen, während die politisch bedeutungslosen Kleinstaaten in unschädlicher Weise mit dem missverstandenen und falsch nachgeahmten englischen Parlamentarismus spielten. Andrerseits wurde dieser doctrinäre Liberalismus künstlich durch englische Agitation mit englischem Gelde genährt, um durch den blinden Glauben an die Wahrheit der Freihandelsdoctrin die Continentalvölker zu willigen Ausbeutungsobjekten der englischen Handelspolitik zu machen.

Diese Partei bot dem Judenthum alles, was es nur wünschen konnte: sie vertrat den Individualismus gegen die corporative Organisation, den Capitalismus gegen den stabilen Grundbesitz, die nominelle Gleichheit aller Bürger gegen die bestehende Aristokratie, die parlamentarische Macht des Volkes gegen die Regierungen, den heimlichen Republikanismus gegen die conservativen Tendenzen der bestehenden Monarchien, die Abneigung gegen die persönlichen und finanziellen Militärlasten als gegen die Hauptstütze der Regierungsmacht, den Kampf gegen jede gesetzliche Bevormundung der Masse, welche sie am Missbrauch ihrer Freiheit zum Nutzen der Ausbeutenden hindern könnte, und endlich eine volkswirthschaftliche Theorie, die lediglich im Interesse des Handelsstandes unter Missachtung der landwirthschaftlichen und industriellen Bedürfnisse construirt war. In der That brauchte das Judenthum sich nur diesem doctrinären Flügel der liberalen Partei anzuschliessen, um alle seine Interessen auf das beste gefördert zu sehen, und zugleich von dem Nimbus der Idealität zu profitiren, den diese Partei in den Augen des Volkes um ihr Haupt zu winden verstanden hatte. Der Unterschied zwischen dem abstracten politischen Idealismus der deutschen Liberalen und den Juden war nur der, dass erstere in dem guten Glauben handelten,

mit dieser Parteistellung die Interessen der deutschen
Nation auf das Beste zu wahren, letztere aber in dem
Bewusstsein, durch diesen Anschluss die Interessen des
Judenthums am besten zu fördern.

Es ist den Juden gelungen, die Gegensätze, welche
zwischen jeder staatsmännisch besonnenen monarchi-
schen Regierung und diesem doctrinären kryptorepubli-
kanischen Liberalismus bestehen mussten, bis zu einem
Grade zu verschärfen und zu verbittern, welcher der
Nachwelt als eines der wunderbarsten historischen
Probleme erscheinen wird. Indem die Juden sich zu
einer tonangebenden Rolle innerhalb des Liberalismus
aufschwangen, ist es wesentlich ihnen zuzuschreiben,
dass die Versöhnung . zwischen der preussischen Regierung und der liberalen Partei nach dem Jahre 1866
nur eine halbe war, dass der Stachel einer nörgelnden
Opposition die vom Volk ersehnte rapide Entwickelung
des norddeutschen Bundes und deutschen Reiches lähmte,
dass der ganze Liberalismus in die Opposition zurück-
fiel, als die Regierung aus zwingenden Gründen mit
der individualistisch - capitalistischen Wirthschaftsdoctrin
der Engländer brach, und dass fast die gesammte
deutsche Presse nach zwei Jahrzehnten des unerhörtesten
nationalen Aufschwungs die öffentliche Meinung des
gebildeten Bürgerthums in einer erbitterten Gegnerschaft
gegen die Regierung befindlich zeigt, der allein sie
diesen Aufschwung verdankt. Es ist wahr, dass die
unter jüdischem Einfluss stehende Presse kein treuer

Spiegel ihrer Abonnentenkreise ist; aber es ist um so trauriger, dass die Wahlen immer von Neuem beweisen, wie viel fruchtbaren Boden der von den Oppositionsblättern ausgestreute Samen der Aufhetzung und die systematische Agitation der commerziellen Geldaristokratie immerhin gefunden hat.

Unter den nichtjüdischen Deutschen findet man auch jetzt noch alle Parteischattirungen vertreten; die deutschen Juden aber sind merkwürdiger Weise alle darüber einig, dass nur auf dem Wege der systematischen intransigenten Opposition, wie der doctrinäre Liberalismus sie betreibt, das Heil „für das deutsche Volk" zu finden sei. Man könnte daraus auf den Gedanken kommen, dass der Jude von Natur liberal veranlagt sei; aber das wäre ein grosser Irrthum. Der Jude verlangt zwar in seinem Interesse alle Freiheiten für sich, ebenso wie die katholische Kirche, aber er gönnt keinem andern eine Freiheit, die derselbe im antisemitischen Interesse benutzen könnte; so verlangt zwar der Jude das Recht, alles Nichtjüdische mit Wort und Schrift nach seinem Belieben verunglimpfen zu dürfen, aber er schreit sofort über mittelalterlich-barbarische Judenhetze, sobald diese Freiheit einmal gegen die Juden gebraucht wird, unbekümmert darum, dass dieselben doch jetzt bei uns höchstens mit Redensarten, aber nicht wie früher an Leib und Leben beschädigt werden. Es giebt keinen conservativeren Menschenschlag als die Juden, wie ihre ganze Geschichte beweist, und noch heute hängen sie

blos aus Conservativität mit einer für Draussenstehende
unbegreiflichen Zähigkeit an den veraltetsten Ueber-
lieferungen und Gewohnheiten. Aber freilich sind sie
conservativ nur gegen das Ihrige, und haben gar keinen
Grund, gegen etwas Fremdes conservativ zu sein, ausser
so weit es ihren Interessen dient. Die zersetzende Negativität gegen das Fremde ist nur die Kehrseite und
unabtrennbare Folge ihrer Conservativität gegen das
Eigene, und sie sind liberal und oppositionell gegen die
deutsche, österreichische u. s. w. Regierung und deren
Politik nur darum und insoweit, als es keine jüdischen
Regierungen sind und sie keine rein jüdische Politik
treiben.

Nun giebt es aber nur die Alternative: entweder
man fühlt sich in einem nationalen Staatswesen in nationaler Hinsicht als Fremder, dann ist die einzig loyale
und anständige Weise des Verhaltens die Enthaltung
von jeder Betheiligung an der Berathung der nationalen
Angelegenheiten; oder man fühlt sich als Nationsange-
höriger, dann ist es selbstverständlich, dass man an dem
politischen Fractionsleben der Nation theilnimmt, aber
ebenso selbstverständlich, dass dies durch Vertheilung
an die verschiedenen Fractionen und nicht durch Verstärkung und tonangebende Führung einer einzigen
(und zwar der jeden Compromiss mit der Regierung
principiell perhorrescirenden Opposition) geschieht. Bei
dem Verhalten, das die Juden bis jetzt eingeschlagen
haben, kann niemand daran zweifeln, dass die Förderung

des Nationalwohls durch den doctrinären Liberalismus
ihnen eine blose Maske für die thatsächlich durch dieses
Verhalten erstrebte Förderung der Interessen des Judenthums ist. Bei einem Theile mag der Glaube bestehen,
dass die Förderung der nationaldeutschen und der jüdischen Interessen gleichzeitig und ohne Collision durch
das Verhalten der freisinnigen Partei bewirkt werde,
aber es ist schlechthin unglaublich, dass diese Illusion
bei allen Juden Platz gegriffen haben sollte, während
doch nur ein verhältnissmässig kleiner Theil der Deutschen in ihr befangen ist.

Schwerlich wird man den Juden zumuthen wollen,
sich Parteien anzuschliessen, die entschieden christlich
confessionell gefärbt und zugleich ausgesprochen anti-
semitisch sind; aber es giebt Mittelparteien die beides
nicht sind, und wenn diese Parteien ihnen nicht zusagen,
könnten sehr wohl jüdische Parlamentarier und jüdische
Zeitungen sich als Wilde von jeder Partei fernhalten.
Ausserdem könnten auch die Juden, sofern sie die
Gleichsetzung der Interessen des Judenthums mit denen
des Capitalismus als einen überwundenen Standpunkt erkennen, sich dem Socialismus zuwenden, sei es dass sie
sich bemühten, die socialdemocratische Partei im Sinne
Lassalle's zu einer nationalen Partei umzugestalten, sei
es, dass sie eine liberale socialistische Partei neu bildeten,
die den Staatssocialismus und Communalsocialismus innerhalb gewisser Grenzen unterstützte. Wenn sie aber weder
diess noch jenes wollten, so sollten sie darin überein-

kommen, sich aller Politik zu enthalten und die Deutschen
ihre politischen Angelegenheiten unter sich besorgen
lassen. Der gegenwärtige Zustand, wo das Judenthum
die Seele der gehässigen unversöhnlichen Opposition ist
und seine politischen Leistungen darauf beschränkt, die
Regierung der nationalen Wiedergeburt hämisch zu
verdächtigen und zu unterwühlen, muss jedem deutschen
Patrioten, der nicht selbst in den Bann der abstracten
liberalen Doctrin befangen ist, die Wangen vor Zorn
und Schaem röthen, und nichts sollte mehr geeignet
sein, die „freisinnigen" Deutschen über die Wahrheit
ihrer Doctrin stutzig zu machen, als die jüdische Bundes-
genossenschaft und Oberleitung, welche dieselbe ihnen
zugezogen hat. Vielleicht haben wir auch hier wiederum
allen Grund, den Juden dankbar zu sein, dass in Folge
ihres politischen Verhaltens dem deutschen Volke
rascher, als es sonst seine abstract idealen Neigungen
ermöglicht hätten, die Augen aufgehen werden über
die Unhaltbarkeit und Unfruchtbarkeit des doctrinären
Liberalismus, und in diesem Sinne dürfen wir uns über
die Erfahrungen der letzten Jahrzehnte nicht beklagen.
In Oesterreich, wo das Judenthum die deutsche
liberale Partei zuerst durch Bestärkung in einem un-
praktischen und unfruchtbaren liberalen Doctrinarismus
hat in den Sumpf reiten helfen und nun mehr und mehr
im Stich lässt, um sich zu magyarisiren, zu polonisiren
und zu tschechisiren, dürfte diese Erleuchtung noch
schneller hereinbrechen als bei uns.

Der Antisemitismus schlägt vor, dem politischen Einfluss des Judenthums durch eine gesetzliche Bestimmung zu steuern, wonach in allen Vertretungskörpern nur eine dem Procentsatz der Juden im Vertretungsgebiet entsprechende Zahl als Maximum gestattet wäre. Die getaufte und halbblütige Schicht in Verbindung mit der christlich-deutschen Clientel der jüdischen Capitalmacht würde dafür sorgen, dass nach Einführung einer solchen gesetzlichen Bestimmung der thatsächliche Einfluss des Judenthums der gleiche bliebe, wie ohne solche Cautelen; ausserdem aber würde dieselbe den gehässigen Charakter einer Ausnahmemassregel an sich tragen, und in diesem Sinne weidlich ausgebeutet werden. Um ihr diesen Charakter zu nehmen, müsste man erstens auch den Christen eine gesetzliche Maximalziffer in den Vertretungskörpern anweisen, d. h. mit andern Worten den Juden ihr Maximum zugleich als Minimum garantiren, und müsste man zweitens dieselbe Abgrenzung auch für die übrigen Confessionen durchführen. Dann würde also für jeden Vertretungskörper die Zahl der katholischen, protestantischen und jüdischen Repräsentanten aus dem statistischen Material der letzten Volkszählung festzustellen sein; damit würde aber eine confessionelle Zerklüftung des politischen Lebens sanctionirt und perpetuirt, welche es im Gegentheil höchst wünschenswerth wäre baldmöglichst zu beseitigen oder doch zu mildern. Ein solcher Schritt wäre selbst dann äusserst bedenklich, wenn ihm eine radicale

Wirkung sicher wäre, geschweige denn, wo eine solche nicht einmal zu erwarten steht.

In der That zeigt aber auch auf politischem Gebiet die Judenfrage kein Problem, das nicht ohne Ausnahmemassregeln und ohne confessionelle Gesetze zu lösen wäre, so dass, wenn die richtigen Wege eingeschlagen werden, auch hier dem Antisemitismus nichts zu thun übrig bleibt. Für jeden denkenden Politiker besteht nämlich ganz abgesehen von der Judenfrage schon ohnehin die Aufgabe, sich von der „freisinnigen" Partei als der schlechthin negativen abzuwenden und irgend einer der positiven Parteien beizutreten oder auch nicht beizutreten; diese Aufgabe besteht einfach aus politischen Vernunftgründen und ganz unabhängig davon, ob diese Partei die „Judenpartei der goldnen Internationale" ist oder nicht. Nach Wiederaufhebung des Socialistengesetzes wird der Boden, den die freisinnige Partei bis jetzt noch von früherher in den Massen besitzt, rasch genug von der socialistischen Partei erobert werden, und wenn der gebildetere Bürgerstand sich seiner positiven Pflichten gegen den Staat erinnert und die Partei der unfruchtbaren Negation verlässt, so wird dieselbe ohnehin zu Grunde gehen, gleichviel ob sie zu einer „reinen Judenpartei" einschrumpft, oder ob die Juden selbst sich bis dahin eines Bessern besinnen. Schon tauchen die ersten Anzeichen davon auf, dass die haute finance es nicht mehr rathsam findet, sich mit der im Verfall befindlichen Partei zu identificiren, und wenn erst der

Capitalismus den Bruch vollzogen haben wird, so wird das Judenthum bald nachfolgen, so dass die freisinnige Partei vielleicht noch früher aufhören wird, die „Judenpartei" zu sein, als sie ganz aufhört, zu sein.

Dieser Umschwung dürfte am meisten dadurch beschleunigt werden, wenn den besitzenden Juden die Erkenntniss aufgeht, dass ihre eigentlich gefährliche Gegnerschaft weder in der Grundaristokratie noch in der Bureaukratie noch in dem Hort dieser Beiden, der Monarchie, zu suchen ist, sondern in der von unten nachdrängenden Socialdemokratie und derem glühenden Hass gegen Bourgeoisie und Capitalismus. Von dem Antisemitismus des Grund- und Dienstadels hat der jüdische Geldadel keine rechtsverletzende Besitzstörung und Enteignung zu fürchten, desto mehr aber von der Socialdemokratie. Das Verhalten der Fortschrittspartei zur Verlängerung des Socialistengesetzes beweist, dass das Judenthum die Grösse dieser ihm drohenden Gefahr noch gar nicht ahnt. Sobald aber das Verständniss für dieselbe erwacht — und der Lauf der Ereignisse wird dafür sorgen, dass diess nicht mehr lange dauert — muss nothwendig das Judenthum bei den conservativen Mächten des Staatslebens Schutz und Hilfe suchen, um die errungene bevorzugte Stellung gegen das Andrängen von unten zu behaupten. Von dem Augenblick an, wo das Judenthum nach unten hin mehr zu verlieren, als nach oben hin noch zu gewinnen hat, wird es rein aus jüdischem Sonderinteresse aufhören, oppositionell zu sein,

und conservativ werden; die unruhigen, strebsamen und
noch besitzlosen Elemente desselben werden sich hingegen der Socialdemokratie und der Demagogie zuwenden müssen, da sie auf diesem Felde alsdann bessere
Chancen für ihr Fortkommen finden dürften als auf dem
abgewirthschafteten Felde des liberalen Individualismus.
Eine solche Spaltung des Judenthums in eine conser-
vative Plutokratie und eine socialdemokratische besitz-
lose Schicht wird wenigstens zu ihrem ersten Theile
der Nationalisirung und nach beiden Theilen der Entjudung des Judenthums zu gute kommen; denn die
conservativ gewordenen Juden werden schon aus Interesse auch nationalgesinnt, und die Spaltung der Judenschaft in zwei feindliche Lager muss die geschlossene
Solidarität derselben innerhalb der Nation zerstören.

In Deutschland sind, von einzelnen Enclaven (wie
Frankfurt a. M. und Fürth) abgesehen, die Juden nur
durch die Annexion ehemals polnischer und österreichi-
scher Landestheile in grösserer Menge eingeführt, so
dass wir ohne die Eroberung Schlesiens und ohne die
Theilung Polens in Deutschland ebenso wenig eine Judenfrage haben würden, wie die westlichen Länder eine
solche haben. Wir müssen die Unannehmlichkeit der
Judenfrage als einen für unsere östliche Gebietserweiterung
zu zahlenden Kaufpreis betrachten, und sie schon deshalb geduldig tragen. In Deutschland werden die Juden
nach ihrer vollständigen Nationalisirung zwar immer
eine bedeutende, theilweise hervorragende Rolle spielen,

aber doch niemals zu einer herrschenden Aristokratie
werden können, theils weil die Kleinheit ihrer Procentzahl, theils weil die Eigenschaften des deutschen Volkscharakters es verhindern. Je mehr es gelingt, West-
preussen, Posen und Oberschlesien zu germanisiren, und
die dort zusammengedrängten Juden über die weite
Fläche des deutschen Reiches zu vertheilen, desto mehr
wird auch in diesen Provinzen die Judenfrage an actueller
Bedeutung verlieren. Aehnlich steht die Sache in Russ-
land, wenn russisch Polen russificirt und die polnischen
Juden über die weite Fläche Russlands vertheilt werden.
Anders in Oesterreich und Rumänien, wo keine Ab-
leitungsgebiete für local zusammengedrängte Juden-
massen vorhanden sind, wo der Procentsatz dreimal so
hoch ist als in Deutschland und die in der Cultur zurückgebliebenen Völker weniger als das deutsche zum
Widerstand gegen jüdische Ausbeutung und Oberherr-
schaft befähigt sind. Hier dürfte eine jüdische Aristokratie in Zukunft kaum zu vermeiden sein, aber sie wird
auch den Völkern weit mehr zum Vortheil als zum
Nachtheil gereichen, da die ihnen fehlenden politischen
Eigenschaften von den nationalisirten Juden herzuge-
bracht werden, welche zugleich den verbindenden
Kitt in ihrem Staatsleben bilden werden (wie früher
in der Zeit des absoluten Regiments die deutsche
Bureaukratie).

Den Juden ist also noch eine bedeutende Zukunft
gewiss, aber freilich nur dann, wenn sie sich entschliessen,

dieselbe in der Theilnahme an der nationalen Politik und Cultur ihrer Wirthsvölker, statt wie bisher in der Förderung der jüdischen Interessen im Gegensatz zu jenen nationalen Interessen zu suchen. Dieser Umschwung ist unausbleiblich, und je früher die Juden dies anerkennen, und je mehr sie Hand anlegen zu seiner Beschleunigung, desto schneller werden sie aus der für alle Theile peinlichen Uebergangskrisis heraus zu behaglichen Zuständen gelangen. Insoweit aber diese Krisis unter allen Umständen noch eine gewisse Zeit beansprucht, handelt es sich vor allen Dingen für beide Theile um Geduld.

Die Juden müssen Geduld haben mit demjenigen, was ihnen an ihrer Stellung im heutigen Leben noch nicht gefällt, und einsehen lernen, dass die noch bestehenden Reste der früheren Zurücksetzung ein Product nicht des bösen Willens, sondern geschichtlicher Verhältnisse sind, und dass es nicht in ihrem Interesse liegt, diese Reste schneller beseitigt zu sehen, als dass der innere Umschwung im Judenthum gleichen Schritt damit hält. Die Nichtjuden müssen Geduld haben mit der conservativen Langsamkeit, mit welcher die Juden sich in die neuen Verhältnisse finden lernen. Die Juden müssen die Abneigung des Volkes gegen sie bis zu einem gewissem Grade als berechtigt anerkennen, und energisch Hand anlegen, um diese Beschwerden zu entkräften, also sich bemühen, erstens die schlechten erworbenen Eigenschaften ihres Stammestypus abzuschlei-

fen und denselben zu restituiren und zu veredeln, zweitens
die scheidenden Unterschiede ihrer religiösen Sitte und
die verletzende Ueberhebung ihres Stammesbewusstseins
abzulegen, drittens ihren Gemeinsinn ganz in dem Nationalgefühl der Wirthsvölker aufgehen zu lassen, viertens
sich den von den Wirthsvölkern bereits erreichten Grad
gesellschaftlicher Bildung anzueignen, fünftens für die
frühere Art ihres Capitalerwerbs Indemnität zu erlangen
durch Vermeidung jedes Missbrauchs der Capitalmacht
im jüdischen Sonderinteresse und durch Aufgeben aller
ausbeutenden Thätigkeit, sechstens sich unter die Gesammtbevölkerung sowohl räumlich wie in Bezug auf
alle Berufsarten, insbesondere solche der productiven
Arbeit zu vertheilen, siebentens sich der politischen
Thätigkeit entweder ganz enthalten, oder aber sich auf
die bestehenden Fractionen vertheilen. Die Nichtjuden
dagegen müssen von jeder Massregel der Gesetzgebung
wie der Selbsthilfe Abstand nehmen, die sich als eine
Ausnahmemaassregel gegen die bereits staatsangehörigen
Juden characterisiren würde, müssen in ihrer Abwehr
sich lediglich gegen Thätigkeiten richten, die ganz abgesehen von den sie ausübenden Personen als gemein-
schädlich zu bekämpfen sind, müssen den nach Bildung
und Nationalisirung strebenden Juden brüderlich die
Hand reichen, durch solches Entgegenkommen das
Judenthum in seinem Erziehungs- und Umwandlungsprocess liebreich unterstützen und mit den trotz guten
Willens noch verbleibenden Resten und Schlacken

freundliche Nachsicht üben. Wenn diese Regeln befolgt werden, wenn jeder Theil im Verein mit dem andern zunächst an seiner eignen Selbstvervollkommnung arbeitet und sich die Vorzüge des andern zum Vorbild nimmt, dann kann aller Streit begraben und mit Geduld und Zuversicht der Zeitpunkt erwartet werden, wo der letzte Anlass zu gegenseitiger Beschwerde und Abneigung geschwunden sein wird.

Druck von C. G. Röder in Leipzig.

Wenn ich auf Seite 5 bemerkte, dass es mir an literarischen Kundgebungen zur Klarlegung der bestehenden Differenzen und zur Friedensanbahnung bis jetzt zu fehlen scheine, so fühle ich mich verpflichtet, eine mir während des Druckes zugegangene Schrift nachträglich zu erwähnen: „Briefe berühmter christlicher Zeitgenossen über die Judenfrage. Herausgegeben von J. Singer" (Wien bei O. Frank, 1885). Die darin veröffentlichten 54 Briefe beschränken sich zwar zum kleineren Theil auf eine blosse Zustimmungserklärung zu den Ansichten des Herausgebers oder auf einen blossen Protest gegen den Antisemitismus; der grössere Theil jedoch, und unter ihnen alle, welche näher auf den Gegenstand eingehen, verknüpfen mit ihrer Ablehnung des Antisemitismus eine Kritik der bisherigen Fehler des Judenthums. Besonders beachtenswerth sind die längeren Ausführungen von Bastian, Gregorovius, Holtzendorff, Mähly und Springer, demnächst auch die Briefe von Amyntor, Bodenstedt, Liszt, Radenhausen, Schorr und Stein, denen viele andre sich anschliessen. Es gereicht mir zu besonderer Genugthuung, mich mit solchen Männern principiell in Uebereinstimmung zu

wissen, und ich glaube, dass der Herausgeber seinen
Stammesgenossen durch diese Veröffentlichung einen
wirklichen Dienst erwiesen hat. In seinem Vorwort
(S. XXXVI) sagt derselbe: „Mögen meine Glaubensgenossen, die zuweilen — doch ohne Zweifel stets in
bester Absicht — gegen sie erhobenen Vorwürfe ohne
jede Empfindlichkeit als ernste Mahnungen wohl-
wollender Männer, die gewiss nur das Beste für die
Menschheit anstreben, auffassen und beherzigen. Von
vornherein aber erkläre ich es für ein unwürdiges
Unternehmen, wenn sich etwa anlässlich einiger Aus-
sprüche in meiner Sammlung jüdische Schriftsteller
hinreissen liessen, die betreffenden Männer als Freunde
der Antisemiten und als Feinde der Juden hinzustellen.
Gegen den Missbrauch, den unsre Gegner durch ge-
waltsames Herausreissen einzelner Sätze aus dem Zu-
sammenhange mit meinem Buche unzweifelhaft treiben
werden, vermag ich mich nicht zu schützen." Diese
Worte, welche sich auch auf meinen, jener Sammlung
einverleibten Brief an den Herausgeber beziehen, bin
ich berechtigt, auch auf meine vorstehende Schrift aus-
zudehnen, welche nur den dort angedeuteten Standpunkt
allseitig im Zusammenhang ausführt.